青春健康案例汇编

发现青春

主编 杨瑜麟 唐琼

少年心事谁知
「青春健康」解惑
坦然谈性，真诚交心
与少年一起走进青春期

上海科学技术出版社

图书在版编目（CIP）数据

青春健康案例汇编. 发现青春 / 杨瑜麟，唐琼主编. 上海 : 上海科学技术出版社，2025. 3.（2025.9重印）-- ISBN 978-7-5478-7029-7

Ⅰ. G479

中国国家版本馆CIP数据核字第2025NA7502号

青春健康案例汇编：发现青春
主编　杨瑜麟　唐　琼

上海世纪出版（集团）有限公司 出版、发行
上海科学技术出版社
（上海市闵行区号景路159弄A座9F-10F）
邮政编码201101　www.sstp.cn
江阴金马印刷有限公司印刷
开本 890×1240　1/32　印张 4.5
字数 102千字
2025年3月第1版　2025年9月第2次印刷
ISBN 978-7-5478-7029-7/R·3196
定价：58.00元

本书如有缺页、错装或坏损等严重质量问题，请向印刷厂联系调换

编委会

主　　编　　杨瑜麟　唐　琼
副主编　　周晓伟　杜　莉
主　　审　　李　力　许洁霜　胡晓宇
编　　委　　（按姓氏笔画排序）
　　　　　　　毛红芳　田　园　白　云　朱丽均
　　　　　　　池丰丽　李　琳　杨旭涵　何晓英
　　　　　　　沈恋迪　张晓华　张　斌　武俊青
　　　　　　　季　卫　周永立　周　蒨　胡剑麟
　　　　　　　洪　维　谭　飞

作　者

王　悦　中国计划生育协会"青春健康"师资
王玉楣　上海市第一妇婴保健院
毛红芳　上海市嘉定区妇幼保健院
田　园　上海市儿童医院
田丽园　复旦大学附属中山医院青浦分院
朱丽均　上海市妇幼保健中心
池丰丽　上海市第一妇婴保健院
许洁霜　上海市妇幼保健中心
杜　莉　上海市妇幼保健中心
李　琳　中国计划生育协会"青春健康"师资
李玉艳　上海市生物医药技术研究院
杨旭涵　上海市妇幼保健中心
杨思勤　中国福利会国际和平妇幼保健院
吴巧玲　中国福利会国际和平妇幼保健院
邹世恩　复旦大学附属妇产科医院
沈心荷　上海市妇幼保健中心
沈恋迪　上海市嘉定区妇幼保健院

张　晶　上海市妇幼保健中心
张　斌　复旦大学附属妇产科医院
张　蕾　上海市妇幼保健中心
张晓华　上海市闵行区妇幼保健院
武俊青　上海市生物医药技术研究院
郁　超　上海中医药大学附属龙华医院
胡剑麟　上海市第一人民医院
胡晓宇　上海市妇幼保健中心
洪　维　华东医院
祝　丹　中国福利会国际和平妇幼保健院
徐　健　中国福利会国际和平妇幼保健院
郭芸繁　中国计划生育协会"青春健康"师资
盛叶华　中国计划生育协会"青春健康"师资
葛啸天　上海市妇幼保健中心
谭　飞　上海市皮肤病医院

插　画

洪莉菁　上海市胸科医院

前言

  青春期是从儿童期向性成熟期过渡的快速生长期，是人生中必不可少的一段奇妙旅程。在这一时期，少男少女们可能会对身体的变化产生疑惑、好奇，甚至焦虑；家长们在感慨孩子迅速成长的同时，也可能对性与生殖健康教育问题感到尴尬和无措。

  作为致力于妇幼全生命周期健康服务管理的专业机构，我们深知多部门合作，开展青春期性与生殖健康教育的重要性。医、家、校既要各司其职，又要通力合作，才能共同帮助青少年们养成终身受益的健康习惯，使其身体、心理和社会适应都得到良好发展，平稳度过青春期，真正获得青少年健康促进的"三重收益"。

  为贯彻落实《健康上海行动（2019—2030年）》目标要求，上海市妇幼保健中心通过多轮三年行动计划公共卫生项目和妇女儿童健康服务能力建设规划项目，在青少年性与生殖健康综合干预方面做出了诸多努力。比如：创建"上海青少年健康科普体验馆"，市、区联合开展青少年健康教育活动，构建"医-家-校"三位一体健康管理模式，培养青少年健康科普讲师团，组织青少年志愿者践行同伴教育，建立青少年流产后关爱服务（PAC）示范点……在这些工作过程中，我们看到过中年父母的迷茫困惑，看到过妊娠少女的惶恐无助，看到过学校老师的忐忑不安。我们把这些故事一一记录下来，希望有机会让更多的青少年、家长和青春期健康教育工作者看到，从中获得知识和警示。2024年我中心两个科普项目——健康上海行动专项"上海市妇幼健康科普体系建设"与市卫健委健康科普专项"理性谈性，青春起航"的立项，让更多专业工作者加入了青春健康宣教的队伍，也推动了这些故事尽早与各位读者见面。

上海市计划生育协会深耕"青春健康"工作，"青春健康"项目主持人常年活跃在社区、校园的宣讲一线。自2020年以来，上海市计划生育协会与《大众医学》杂志合作开设"青春健康"专栏，讲述青春期故事。

此次上海市妇幼保健中心与上海市计划生育协会深度合作，共同选取典型的生殖健康相关青春故事，帮助青少年和家长们更好地了解青春期的身体变化及可能遇到的各种健康问题，学会青春期保健，远离生殖系统疾病。

本书共分为三个章节：青春期发育与保健、重视青春期常见问题、青春期性与生殖健康。编写团队用通俗的语言，从专业角度详细阐述了案例故事中涉及的健康知识，并分别给家长和青少年提出建议，具有很强的实践指导意义，希望青少年、家长、老师们能从中获益。

谨向参与案例整理的各位专家、"青春健康"项目师资及在本书编写过程中给予热情帮助的同行们表示衷心的感谢，让我们一起努力，共同为青少年健康保驾护航。

杨瑜麟

2025年3月

第一章
青春期发育与保健

走进青春期 /2

男孩青春期尴尬事：长毛、变声…… /5

令人忐忑的勃起、遗精 /9

大男孩的难言心事 /13

女孩的青春期 /16

认识悄悄变化的自己，了解渐渐隆起的胸部 /19

"小咪咪"的大秘密 /22

女孩的疑惑心事 /25

从"我难言"到"我安心" /28

青少年女性，更适合接种HPV疫苗 /31

从"我害怕"到"我想做" /34

"好好吃饭"很重要 /37

"慧吃"多动，科学长高 /40

第二章
重视青春期常见问题

月经异常，别大意 /46

警惕"大姨妈出走" /49

反复腹痛，竟因处女膜闭锁 /52

当青春期撞上"多囊" /55

身高"超常发挥"，竟然需要治疗 /58

不该迟到的花期 /62

保护睾丸,男孩"必修课" /66

青春期男孩,包皮问题要重视 /68

阴囊"肿块"像蚯蚓,要不要紧 /71

难闻的青春气息 /76

长势喜人,健康愁人 /79

美少女的毛发烦恼 /85

脸上的"小疙瘩" /89

痒痒痒、抓抓抓,当心湿疹 /94

第三章

青春期性与生殖健康

科学看待自慰,坦然面对冲动 /98

自慰正常,过度有害 /101

与孩子聊聊避孕 /104

青少年,该如何对性负责 /108

女孩怀孕,不可回避的话题 /111

少女怀孕在增加 /114

三道"防火墙",应对青少年意外怀孕 /117

放纵的青春,结出性的苦果 /120

认识淋病,远离淋病 /123

防"艾"有方法,谈"艾"不色变 /126

养"精"蓄锐,从青少年开始 /129

第一章

青春期发育与保健

走进青春期

青春故事

"11岁的男孩放学回家问家长:'今天上体育课时,班里有个女生裤子上突然出现很多血,把同学们都吓坏了,她是不是生病了?'如果你是他的父母,会怎么回答?"羞涩、尴尬、直率,五花八门的答案……这是发生在上海某中学青春健康俱乐部"沟通之道"家长培训活动中的一幕。

关于青春期,爸爸妈妈一定要知道的"变化"

青春期是由儿童生长发育到成人的过渡时期,是以性成熟为核心特征的身心全面发展阶段。世界卫生组织将青春期的年龄范围界定为10~19岁。

在此阶段,男孩和女孩的大部分生理变化相似,如身高增长、体重增加、汗腺发达、皮肤变化、声音变化(女孩嗓音变细、男孩嗓音变粗)。同时,也有一些不同变化:男孩肩膀变宽,喉结发育,出现胡须,女孩乳房和臀部发育;随着性器官的发育,男孩的睾丸

第一章 青春期发育与保健

开始产生精子,出现遗精,女孩的卵巢开始排卵,出现月经。

伴随生理变化,青春期孩子的心理、情感也会发生变化,变得自信、独立,对未知的将来充满向往,求知欲望、冒险精神大增,渴望得到父母和他人的认同,个体行为受同伴影响较大,注重外表,关注度、探究性增强,等等。

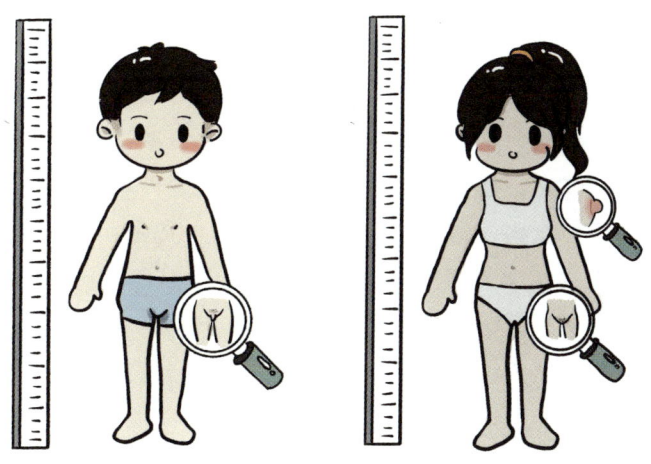

面对"最困扰"问题,知识早知道

青春期孩子的月经、遗精、自慰、异性交往等问题,往往成为令孩子和家长感到困扰或焦虑的问题。作为家长,应当了解科学、准确的知识,理解孩子进入青春期后的一系列身心变化,指导孩子掌握青春期卫生保健知识。比如:月经是由周期性子宫内膜脱落形成的,通常21~35天为一个周期;女孩第一次来月经称为"初潮",我国女孩大多于11~16岁出现月经初潮;刚来月经时,可能不规律,可能会有痛经、情绪烦躁等不适,这是正常现象;在经期要保持心情舒畅，保证睡眠充足，勿坐浴、游泳，注意保暖；可适当参加体育活动，但要避免剧烈运动。

与孩子讨论"青春期信号"

家庭是孩子成长过程中最重要的环境，父母要学会坦然地和孩子谈论性与生殖健康话题。仍以月经为例：家长要提前与进入青春期的女孩沟通，指导孩子做好心理准备，备好卫生用品，养成良好的卫生习惯。同时，家长要平和、真诚地告诉孩子：初潮意味着女性发育走向成熟，是美好的成长信号，每个女性都会经历；每个人进入青春期会有各自特殊的"成长信号"，要悦纳自我，尊重他人。家长还要引导孩子，让孩子理解：女孩来了月经、男孩出现遗精，标志着具有了生殖能力，但不意味着能承担起生儿育女的责任；身体发出的"成长信号"不等于真正自立，只有通过学习，具备了生存的技能和本领，才有自立的条件。

（李琳）

第一章 青春期发育与保健

男孩青春期尴尬事：长毛、变声……

青春故事

轩轩是一名13岁的初中男生。最近两个月，他发现自己额头和鼻子的皮肤变得油腻，原本光滑的额头很容易起小红点，这让他很不开心。他还注意到身体的毛发增多了，特别是嘴唇周围和下腹部，这些变化让他感到有些尴尬。另一个让他感到奇怪的事情是，自己说话的声音开始变得低沉，但有时候又会很尖锐，觉得不像自己在说话。这些变化使轩轩感到有些不安和困惑。带着这些问题，他跟随爸爸妈妈来到了医院。医生告诉他：这些变化是每个人进入青春期时都会经历的，而这个阶段发生的几乎所有变化都是正常的，既不肮脏，也不怪异。

青春期男孩的外在变化

男孩的青春期通常从11～12岁开始，比女孩晚1～2年。进入青春期，大脑会"指挥"身体产生特定的化学物质，也就是激素，以促进身体发育。其中一种激素叫睾酮，主导着男孩青春期的绝大多数变化，它在睾丸中产生。青春期男孩会发现，自己的身高、体重快速变化，并出现生殖器官发育、声音变得低沉、体毛增多、肌肉增长等明显的第二性征。在这里，我们先了解一下，除了生殖器官发育之外，身体的第二性征变化是怎样的。

❶ **声音变得低沉**

这是最明显的变化之一。随着喉部的发育，青春期男孩的喉结增大，声带变长、变厚，声音也开始经历所谓的"变声期"，由之前较高、较细的声音，逐渐变得低沉、浑厚。在变声的过程中，声音也可能会时高时低，不稳定。这种情况会延续几个月，一般需要半年至一年。其后，嗓音会逐渐趋向稳定，一般来说到16岁左右会完全变成成人嗓音。

❷ **皮肤变得油腻**

在激素的影响下，青春期男孩的皮肤新陈代谢加快，皮脂腺分泌旺盛，因此皮肤变得油腻，并容易吸附灰尘和细菌，将毛囊口阻塞。在细菌作用下，毛囊周围可发生炎症，在皮肤上形成凸起的"青春痘"，也称"粉刺"，常见于面部和背部。

❸ **毛发增多**

青春期男孩体内雄激素水平逐渐升高，刺激毛囊生长，体毛开始逐渐增多，尤其是在面部、腋下、腹部、腿部等，分别表现为胡须、腋毛、阴毛、腿毛等。胡须通常从上唇开始生长，逐渐向下延伸至下巴和颈部，颜色和质地因个体差异而异。

❹ **肌肉骨骼增长**

随着睾酮的作用及身体活动量增加，青春期男孩的肌肉质量会显著增加，尤其是上臂、胸部和背部。同时，骨骼生长速度明显加快，密度逐渐增加，变得更加坚硬和结实，身高迅速增长。此外，骨骼形态也会发生变化,如骨盆变宽等。

面对青春期,父母以开放、坦诚的态度谈论相关话题,与孩子一起主动了解这些变化,引导孩子积极调整生活方式,有助于减轻孩子的不安、困惑和尴尬。

调整生活方式,顺利度过青春期

在变声期,应尽量减轻对声带的刺激,不吃或少吃辛辣刺激性食物,不喝太烫或太冰的水,剧烈运动后不要马上喝冷水。避免大声喊叫、长时间朗读或唱歌,有助于减轻声带负担。适当多吃富含维生素A、C、E和锌的食物,如胡萝卜、柑橘类水果、坚果等,有助于保护咽喉。

长胡须可能会使人觉得不习惯,有些男孩常常会用手或工具拔除,这种做法不妥。正确的方法是用干净、消毒的剃须刀修刮,要避免损伤皮肤。值得注意的是,不要与他人共用剃须刀,以免造成感染。对腋下、腿部、下腹部等部位的毛发,可在洗澡时用香皂或沐浴露清洗,以减少细菌滋生,预防皮肤感染。

青春痘一般不影响健康,但影响美观,还可能引起瘙痒,这常常让人想动手清除。不过,这样做不仅容易引起感染,还可能形成瘢痕或色素沉着。正确的做法是保持皮肤清洁卫生,用温水和中性洗面奶洗脸,少用油脂类护肤品。饮食宜清淡,适当多吃蔬菜、水果,避免油腻、甜食及辛辣刺激性食物。如果青春痘比较严重,应去医院请皮肤科医生检查和治疗。

肌肉增长可以使人更健美。青春期男孩需要摄入足够的蛋白质、碳水化合物和脂肪等营养素来支持肌肉生长,可选择鸡肉、鱼肉、牛肉、豆类、全麦面包等富含蛋白质和碳水化合物的食物，同时应适量摄入坚果等富含不饱和脂肪酸的食物。维生素、矿物质对肌肉生长和发育也非常重要，可适当多吃富含维生素D、钙、镁的食物，如鱼类、奶制品、绿叶蔬菜等，亦可在医生指导下补充维生素A和维生素D。

适量户外运动可促进肌肉生长和发育，登山、举重、俯卧撑、深蹲、跑步、游泳等力量训练和有氧运动，都有助于塑造良好的形体。每天运动60分钟左右为宜，可以一次完成，也可以分次完成。要注意避免过度运动。

睡眠可以让青春期快速变化的大脑和身体放松。大多数青少年每晚需要8～10小时睡眠。睡前应限制糖和咖啡因的摄入，并限制电子产品使用时间，以保证睡眠质量。

总之，养成良好的卫生习惯，注意膳食平衡、适量运动、睡眠充足，都有助于青少年的身体健康。同时，希望父母能为青春期男孩提供陪伴和支持，这样可以让他们肯定与欣赏自己，充满信心地面对青春期这一次"了不起的成长"。

（田园）

第一章 青春期发育与保健

令人忐忑的勃起、遗精

青春故事

昊昊14岁，正处于青春期。除了发现自己的声音变得低沉、冒出青春痘之外，他还明显感觉自己的外生殖器官有了显著改变：除了增大和颜色变化外，有时还会不自主地变硬（医学上称为勃起）。某一天早晨醒来，他发现自己的内裤湿了一片，心里感到紧张又忐忑，不知该如何处理，于是向爸爸求助。爸爸告诉他：这是遗精，是男性特有的生理现象，是青春期男孩发育的一个重要标志。为了让昊昊更好地了解这一变化，爸爸带他咨询了儿童保健医生。

青春期男孩的生殖器官变化

青春期开始后，男孩出现的最大变化是生殖器官发育。这种变化一开始可能并不容易被察觉，到13岁或14岁才会比较明显。

❶ 睾丸增大

睾丸是男性生殖器官最重要的部分，它们是一对卵圆形的腺体。

青春期，睾丸开始分泌睾酮等雄激素，刺激生殖器官发育，睾丸逐渐增大并开始发挥其主要功能——产生精子。除睾丸外，男性生殖器官的附属腺还有精囊、前列腺、尿道球腺等。在青春期，上述腺体迅速发育并分泌液体，与精子混合后，形成黏稠的乳白色液体，也就是精液。

❷ **阴茎发育**

睾丸发育1年后，阴茎开始增粗、变长，包皮可能会逐渐变厚，并渐渐向后退，露出前端的龟头。17～18岁，阴茎完全发育成熟。如果此时包皮仍然包着龟头，需要翻动后才能露出，称为包皮过长；若翻动包皮不能露出龟头，称为包茎。

❸ **出现勃起**

指阴茎因充血变得坚硬，进而挺立起来的状态。一天的大部分时间中，阴茎都处于松弛状态。由于激素的影响，男孩可能会有频繁的性冲动，导致阴茎勃起。勃起是正常的，几乎可以毫无理由地发生；勃起也是健康的，只不过有时会在不适合的情况下发生。

❹ **阴囊发育**

阴囊的皮肤十分有弹性，包裹着附睾和睾丸。阴囊一般会在13～14岁时增大、增厚，变得更加光滑。随着时间的推移，生殖器官部位的皮肤颜色可能会变深。

❺ **精子生成和遗精**

在青春期的某个时期，男孩的睾丸开始产生精子。每个人的发育速度不同，这一变化通常发生在12～16岁。在雄激素的刺激下，睾丸产生的精子与前列腺等分泌的液体共同构成精液，当储存到一定数量后，需要通过射精排出体外，在无性交的情况下表现为自发射精，称为"遗精"。有些男孩在早晨醒来后发现内裤湿了一小片，

第一章 青春期发育与保健

这种在睡眠中发生的射精叫"梦遗"。健康男孩进入青春期后大多数可发生遗精，没有遗精也属于正常现象。首次遗精后，体格发育渐趋缓慢，生殖器官迅速发育，接近成人水平。

⑥ 性心理和行为

由于雄激素的影响，青春期男孩的性欲会增加，可能会有性幻想。有时男孩也会有目的地使自己勃起并射精，称为自慰，这是青春期的常见行为，可以缓解性发育带来的性紧张，也有助于了解自己的性器官发育情况和功能。

科学应对身心巨变

对青春期男孩而言，身体和心理都将经历一场翻天覆地的变化。在这一身心经受考验的特殊时期，家长应当陪伴和帮助孩子，科学应对，平稳度过。

❶ 注意卫生

宜每天清洗生殖器官。洗澡或局部清洗时，应把包皮翻开，清洗阴茎头。包皮过长或包茎是青春期男孩的普遍问题，容易导致局部藏垢纳污，引发炎症。必要时，父母应带孩子就医，了解是否需要手术治疗。

❷ 穿着舒适

不穿过紧的内裤或者紧绷的外裤。它们既不透气，又容易压迫睾丸，还会导致局部温度过高，不利于健康。

❸ 正确应对勃起

尽管勃起是自然的，但在公共场所发生时，还是会带来慌乱和尴尬。无论在学校还是其他公共场合，如果发生勃起，可以试着尝试重新专注于当前的任务,也可以想办法找借口去洗手间放松下来。大多数情况下,勃起会在几分钟内消失。

❹ **科学看待遗精和自慰**

有的男孩认为自慰是羞耻的行为,或认为自慰会损伤身体,但往往又控制不住自己,结果为此感到自卑、苦恼,导致心理压力过大。我们应当理性看待自慰的行为,即"不以好奇而为之,不以为之而担忧"。当然,自慰过于频繁会使人感到疲劳,应尽量避免。同时,自慰时也应注意安全,用力过度或使用不合适的器具,会使生殖器官受伤。在这方面,爸爸应当和男孩多沟通,适度、渐进地给男孩做好性教育。避免接触淫秽书刊、影像,多把注意力集中在学习和正当爱好上,有利于减少自慰。如果遗精或自慰频率过高,或伴有精神萎靡、头晕乏力等不适,要及时就医。

青春期是充满机遇和挑战的阶段,这个阶段的青少年可能不太愿意与父母过多地交流与分享,但请相信,你们所经历的一切,父母都曾经经历过,父母永远是你们最可靠的伙伴、最温暖的港湾。

(田园)

第一章 青春期发育与保健

大男孩的难言心事

青春故事

"14岁的男孩早上起来,发现床单和内裤上黏糊糊的,又不像尿床,孩子不知道发生了什么,紧张又困惑。父母应该怎么告诉他?"这是青春健康俱乐部"沟通之道"家长培训活动中,家长们讨论最热烈的案例之一。

"假装没发现?""应该由爸爸还是妈妈跟孩子讲?""怎样讲,讲什么?"家长们有许多不同的想法和观点。

发现身体变化,孩子可能不愿告诉父母

与女孩相比,大多数男孩发育得比较晚,很多父母无法注意到男孩身上发生的一些变化。如:睾丸长大,阴囊颜色变深,出现阴毛,还会在夜里发生遗精……这些变化可能会让孩子感觉不知所措或无比尴尬。许多孩子认为,把这些变化告诉父母是特别"丢脸"的事,所以选择只字不提。如果孩子从来不告诉父母他的身体发生

了变化,不问父母为什么会发生这些变化,怎么办?答案是:父母要主动告诉他们。

鼓励孩子以良好心态迎接青春期

男孩到了青春期,父母要尽可能仔细观察他的变化,有些变化是显而易见的。比如:汗毛越来越明显,脸上可能长出痤疮(青春痘)和稀疏的胡子,喉结发育,声音开始变得低沉,等等。父母要适时给孩子讲解与身体发育有关的知识和青春期卫生保健常识,引导孩子理解青春期所发生的一系列变化都是走向成熟的开始;告诉孩子每个人都会经历这些变化,男生和女生的生理变化有的相同,有的不同,应该坦然面对这些变化,做好充分的心理准备,迎接自己的成长。教给孩子适应这些变化的最好方法,是父母"以身作则",爱护自己的身体:勤洗澡、勤换衣,养成良好的卫生习惯;运动时注意保护生殖器官,以免受到意外伤害。

科学告诉孩子"遗精"是怎么回事

爸爸可以结合自己的成长经历,以轻松幽默的方式与孩子沟通,妈妈可以借助相关科普书、视频等,自然、大方地告诉孩子,遗精是一种正常的生理现象,并不是"不道德"的坏事,不必恐慌和自责。比如:进入青春期后,雄激素分泌明显增加,并产生精子;睾丸产生的精子与精囊、前列腺、尿道球腺分泌的液体共同构成精液;睾丸每天都要产生许多精子,精子在体内贮存到一定量后,就会被吸收或在无性交情况下自发射精,称为"遗精";遗精经常发生在夜

第一章 青春期发育与保健

间睡梦中，又称"梦遗"；我国男孩大多在 14～15 岁遗精；并不是每个男孩都有遗精，它的出现与否及出现频率，与身体、精神等综合因素有关；所谓"一滴精等于十滴血"的说法是没有科学依据的；等等。

（李琳）

青春健康案例汇编：发现青春

女孩的青春期

青春故事

在初中阶段，女孩的家长们聊天时，谈论最多的除了学习外，就是发育情况。"你家孩子来月经了吗？""你家孩子一下子长高好多。""我家女儿胸部怎么还是平平的，没动静？"

一到寒暑假，青春期保健门诊就热闹起来了，不少家长带着女孩来咨询。有10岁就来月经的，有16岁还没来月经的，有两侧乳房发育不一样大的，有担心长不高的……

青春期男孩女孩的生理、心理会发生很大改变，但因其本身的脆弱性，以及各种需求得不到满足和重视而导致的后果，将对其一生产生影响。因此，青春期保健尤为重要。

青春期女孩的变化

进入青春期，对大部分女孩来说，首先是乳房发生变化，慢慢

第一章 青春期发育与保健

隆起,从胸部表面凸出来,伴随微微胀痛,这是青春期发育开始的信号。之后,女孩的双腿之间和腋下会长出毛发,分别称为阴毛和腋毛,有的长得浓密,有的则比较稀疏,这些个体差异都是正常现象。同时,女孩开始长高,一个暑假过后,你会发现班上有些女孩一下子长高许多,甚至比男生高出一头。

女孩的身体内部也在悄悄发生着变化。首先是内裤有分泌物,正常情况下无色无味,但如果没做好每天的清洗工作,则分泌物可能会有异味或发黄。青春期的标志性变化是月经来潮,也就是突然有一天,在毫无征兆的情况下,内裤上有血。女孩,这时不要慌张和恐惧,你并不是生病了,而是即将发育成熟并具备生育能力。

月经来潮之后,女孩的身体内部和外部逐渐发育成熟,但还有一个最重要的部分发育是滞后的,那就是大脑。大脑发育成熟一般要到 20 多岁。因此,我们可以发现很多青春期女孩好像已经发育

成熟，长得很有大人样了，但内心还是不成熟。比如：在处理事情、做决定的时候，会表现出考虑问题不周全；与大人意见不统一的时候，听不进大人的劝说，有的甚至故意跟大人赌气，"你让我往东，我偏往西"，比较叛逆；对情绪的把控能力不够，敏感、冲动、易怒，或多愁善感，喜欢哭鼻子，表现为刚才还风平浪静，一会儿内心就波涛翻滚；内心封闭，自己的小秘密不愿意跟父母说出来；开始对身体和心理的发育、发展进行自我探索；等等。

青春期何时开始，因人而异

每个女孩进入青春期的时间不完全一样。有的女孩在 8 岁时就出现乳房胀痛、乳头下硬结，妈妈以为长了什么不好的东西，害怕得立即带孩子去看医生，其实是乳房提早发育了。有的女孩 14 岁还没有发育的相关表现，妈妈也会很着急。通常来说，女孩的胸部会在 10 岁左右发生变化，月经初潮会在 13 岁左右出现。

许多因素影响女孩的青春期发育时间。首先是遗传因素，有的女孩的妈妈 16 岁月经初潮，那么她的月经初潮时间也不会早。其次是环境因素，在气温高的地区，女孩的月经初潮可能会提前；相反，在寒冷的地区，女孩的月经初潮可能稍有延后。第三是饮食、睡眠等生活因素，常吃含激素的"补品"可能会导致性早熟，充足的睡眠对生长发育至关重要。

女孩体内的性激素主要是雌激素、孕激素，也会有少量雄激素。雌激素会让女孩胸部隆起、皮肤细腻、臀部丰满、声音高尖等，最终出落得亭亭玉立、婀娜多姿。

（毛红芳）

第一章 青春期发育与保健

认识悄悄变化的自己，了解渐渐隆起的胸部

青春故事

女孩进入青春期，一般最先发育的是乳房。当女孩发现自己的胸部逐渐有了变化，往往会产生一些困惑：我的胸部发生了什么变化？为什么会有这样的变化？为什么我比别人发育得早（晚），胸部比别人大（小）……在青春健康"成长之道"和"沟通之道"的培训活动中，这些是青春期女孩普遍存在的问题，也是许多家长不知道该如何回答的问题。

乳房发育有哪些规律

女孩的乳房发育平均始于11岁。国际上通行的Tanner标准将乳房发育分成5期。第1期：一般在5～8岁，仅乳头稍凸起。第2期：一般在8～10岁，乳房隆起呈小丘形，乳头凸起，乳晕直径扩大。第3期：一般在10～13岁，乳房及乳晕继续增大，两者无

界限。第 4 期：一般在 13～15 岁，乳晕和乳头进一步凸起，乳房轮廓呈圆丘形。第 5 期：一般在 15 岁以上，乳房发育基本成熟，达到成人大小，乳晕回降，乳头中心突出，外观丰满圆润。需要说明的是，不同孩子青春期发育的启动时间和速度差异很大，以上 5 期只是乳房的大致发育规律，可以参考。在发育过程中，大多数女孩的乳房较敏感，会有轻微的紧绷感和胀痛感，不必担心，这是正常的生理现象。

影响乳房发育的因素包括体内激素水平、遗传、营养、运动、体型、环境等。必须强调的是，乳房不是"以大为美"。

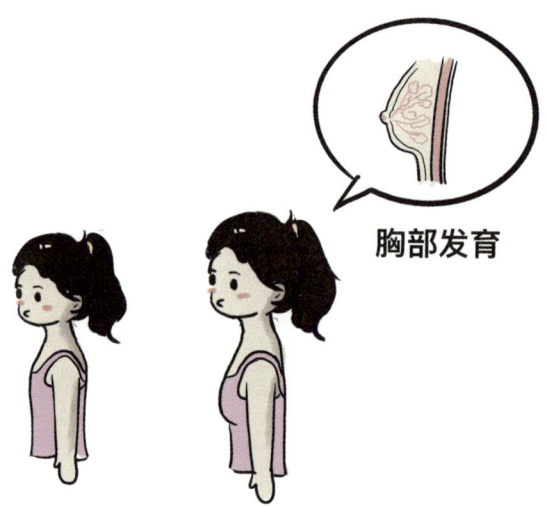

青春期乳房保健四项注意

一是保持清洁。乳晕周围有许多腺体，会分泌油脂样物质，保持乳房的清洁卫生很重要。

第一章 青春期发育与保健

二是适当运动。经常进行胸部肌肉锻炼，有助于促进乳房发育。在体力劳动或体育运动时，要注意保护乳房，避免被撞击或挤压。

三是端正姿势。有些女孩在发育期会感到自卑、羞愧，走路时常含胸、弯腰，结果影响骨骼发育和体形健美。青春期女孩走路时要注意保持背部挺直；坐位时应挺胸抬头；睡觉时宜侧卧或仰卧，不要俯卧，以免挤压乳房。

四是正确使用文胸。青春期女孩应选择适合自己的文胸，不宜过紧或过松；材质要柔软、透气、有弹性，以起到较好的承托作用，并有利于汗液及时排出；肩带不能太细、太窄，以免损伤皮肤，压迫肩颈部。夜间睡觉时，应将文胸取下，使乳房和胸、背部肌肉放松，促进血液循环。

（李琳　胡晓宇）

青春健康案例汇编：发现青春

"小咪咪"的大秘密

青春故事

　　一个周末，小美邀请几个要好的女同学到家里玩，不知谁开了头，她们聊起了"小咪咪"。"我的'咪咪'有点大起来了，碰着还有点疼。""我的两边有些不一样大。""听说多捏多揉会让它更大一些。""我的里面好像有一些肿块，疙疙瘩瘩的。"小美妈妈听到后，向她们讲起了"小咪咪"的大秘密。

乳房怎么悄悄变大了

　　青春期之前，小女孩的乳房未曾发育时，胸部只有一对小小的乳头。10岁左右，乳房就开始悄悄地发育了，像一朵花儿一样，从蓓蕾到绽放。伴随着乳房的发育，有些女孩还会出现疼痛，一般都是轻微的，不需要特殊处理。乳房从开始发育到发育成熟的过程，就像有些女孩说的，从"旺仔小馒头"变成了"巴比大馒头"。

第一章 青春期发育与保健

为什么两边不一样大

在青春期发育过程中，乳房不一样大的情况并不少见。很多女孩两侧乳房的发育速度是不一致的，到发育成熟时，大多数就会基本一致了。针对两侧不一样大的情况，也可以通过一些方法加以干预，比如：加强胸肌锻炼，改变长期使用单侧手臂的坏习惯，穿戴合适的文胸，等等。这些方法都会有一定的帮助。

多捏多揉会让它大一些吗

很多女孩为拥有丰满的胸部而骄傲。于是有些女孩为了追求所谓的美丽，每天对乳房又捏又揉，这是不可取的。适度的胸部锻炼可以促进血液循环，改善发育不对称等问题，但力量过大容易损伤乳腺组织，甚至导致出血、水肿，那就得不偿失了。女孩们，小胸有小胸的可爱，大胸也有大胸的烦恼，自己拥有的就是最适合自己的！

乳房里有好多"肿块"，要紧吗

从外观来看，发育的乳房就像一对可爱的桃子，其实内里呀，是乳腺组织，像一串串葡萄。如果用抓和捏的方式去检查乳房，很可能会摸到一个个"葡萄"，有些人还以为乳房生了肿块，产生不必要的担心。正确的乳房检查手法是：手掌平伸，用指腹按压。如果这种情况下，仍然扪及肿块，可能存在乳腺增生、乳腺纤维腺瘤等情况，还是去医院检查一下比较放心。

我是男生，胸部怎么也像女生一样变大了呀

男孩在青春期激素水平不平衡，有时也会有一侧或双侧乳房轻度发育的现象，或者乳头下有胀痛的小肿块，一般不用担心，不需要特殊处理，6个月至2年左右就会消失。不过，如果男孩乳房短期内迅速增大或者出现远离乳头的肿块、乳头溢液等现象，要及时就诊。

（沈恋迪）

第一章 青春期发育与保健

女孩的疑惑心事

青春故事

悦悦今年11岁，上小学五年级。最近，她发现自己的内裤连续好几天都有点发黄，"私密部位"的颜色也变深了，不由得暗暗担心。她悄悄与同桌欣欣交流，不料欣欣也正被类似的情况困扰着。于是，她俩结伴去找卫生老师咨询。得知原委后，卫生老师安慰道："不用担心，这不是病，而是身体告诉你们即将成长为少女的信号，你们的青春期来了。"同时，卫生老师还向她们传授了一些自我呵护的"秘籍"。

青春健康案例汇编：发现青春

青春期对于孩子来说，是非常重要的成长阶段，尤其是生理上要经历巨大变化。如何顺利度过这一阶段，孩子们做好准备了吗？作为家长，可以为孩子做些什么呢？

这些变化，暗示青春期来临

在青春期前期，下丘脑和垂体前叶迅速发育，"下丘脑-垂体-性腺轴"分泌大量激素，促进儿童身高、体重增长，刺激肾上腺、甲状腺、生殖器官等的发育。女孩青春期的性发育会经历乳房开始发育、月经来潮到生殖器官逐渐发育成熟的变化，一般从十一二岁开始，到十七八岁结束。

生殖器官发育受遗传、生活条件、社会等诸多因素的影响，存在个体差异。女孩生殖器官发育的表现包括阴毛长出、外阴色素沉着（颜色变深）、出现白带（由阴道黏膜渗出液、宫颈腺体及子宫内膜腺体分泌物混合而成）等。

随着卵巢功能逐渐完善，卵巢开始周期性排卵和分泌性激素，子宫内膜发生周期性变化，继而月经来潮。到青春期晚期，月经周期变得规则，具有生殖功能。

五个提醒，呵护私密部位

面对青春期，女孩应大胆认识和接纳身体的变化，并做好日常生活护理，保护好自己的私密部位。

第一，注意外阴卫生。进入青春期，代谢旺盛，皮脂腺、汗腺分泌较多，白带也会增加，而外阴皱褶多，容易藏污纳垢，阴道口靠近肛门，也容易受到污染。如厕后，应从前往后擦拭。宜每天用温水清洁局部，月经期最好早晚各洗一次。

第二，每天更换内裤，单独清洗。宜选择宽松、透气性好、吸湿性强的棉质内裤。平时尽量不使用卫生护垫，以免造成局部潮湿。

第三，注意观察白带的颜色、性状、多少、气味等。如果白带增多，性状发生改变，或有异味，应及时就医。

第四，注意观察月经情况。月经初潮时不要慌张，应提前做好心理准备，并备好卫生用品。其后，应注意观察每次月经来潮的时间、月经量和持续天数，做好记录。如果月经过频、量多或淋漓不净，应及时就诊。

最后，要学会自我保护，"我的身体我做主"。没有人可以随意触摸和伤害你的身体。在自己身心还没有完全做好准备时，对不安全、无保护的性行为要勇敢地说"不"。一旦遭遇性侵害（包括性骚扰、强奸等），要及时告诉可信赖的成年人，并留下证据，减轻伤害带来的不良后果。

家长适时关注，为孩子护航

女孩的家长应及时关注孩子的发育情况，提前与孩子沟通，传授正确的生理知识。家长不仅要在物质上做好准备，也要在心理上对孩子进行回应和支持，为孩子的身心健康保驾护航。

（葛啸天　杜莉）

青春健康案例汇编：发现青春

从"我难言"到"我安心"

青春故事

六年级女生苗苗最近遇到了难言之隐：有时候"小便"会从来月经的地方流出来，裤子上经常黏黏的，有一股怪味，关键是下身还特别痒，导致她上课时心神不宁，经常忍不住用手挠。她不敢和同学一起上厕所，害怕被人发现；也不敢跟爸爸妈妈说，担心自己生了什么怪毛病，增加父母负担。

循序渐进，解除担忧

心存烦恼的苗苗独自来到妇女保健诊室咨询。看到她没有小伙伴或父母陪同前来，我猜到她一定是发生了一些不愿意让别人知道的事情。

首先，我告诉她，医生会保护咨询者的隐私。苗苗喝了一口水，渐渐放松下来，吐露了她的难言之隐。她担忧自己得了什么严重的疾病，害怕同学发现她挠下身会笑话她，还担心自己裤子上的怪味被同学闻到。我告诉她，下身流出的是阴道分泌物，名字叫白带，这是一种正常现象。但如果发生感染，会导致阴道分泌物增多、有异味，还会引起外阴皮肤瘙痒，这仅仅是个炎症，并非很严重，确诊后也非常容易治愈，所以不必过于担心。

然后，我告诉她，我要在她的外阴口取一些分泌物进行化验，这样才能知晓感染的是哪种病原体，以便对症治疗。在苗苗的配合下，我给她取了少量白带送检，结果是细菌感染。

接着，我告诉苗苗：白带是由阴道黏膜渗出液与宫颈、子宫内膜的腺体分泌液混合而成的，其形成与雌激素作用有关。进入青春期，卵巢开始分泌激素，因此出现白带很正常。正常的白带呈白色稀糊状或蛋清样，黏稠、量少，无腥臭味，对健康没有不良影响，称生理性白带。当发生阴道炎、急性子宫颈炎等生殖道炎症时，白带量增多且有性状改变，称为病理性白带，常见的病原体有细菌、真菌、滴虫等。青春期女孩虽然一般没有性生活，但还是有患阴道炎的可能，出现相关症状要及时治疗。

最后，我给苗苗开了一周的局部抗炎止痒药，并嘱咐她回家告诉妈妈，请妈妈帮助她用药。我还叮嘱她，平时要注意卫生，勤换内裤，若有不适尽早就医。临走时，苗苗终于露出了安心的笑容。

了解变化，做好护理

苗苗正值青春期，对自己身体发生的事不太了解，认为有关私密部位的事情是羞耻的，不敢让同学知道，又害怕父母担心而不敢告诉父母。庆幸的是，她对医生有基本的信任，通过咨询了解到自己身体不适的原因，由"我难言"转变为"我安心"。

青春期女孩会出现白带、月经等各种变化。女性阴道是一个复杂的微生态体系，有50多种微生物，它们相互依赖、相互制约，达到动态平衡，并不致病。若这个平衡被打破，则可能导致阴道感染的发生，从而出现病理性白带，此时就需要及时诊治。

青春期是身心健康成长的重要时期，了解生理结构和功能，认识自身的相关变化，做好日常生活护理和保护私密部位，对安然度过青春期很重要。青春期女孩代谢旺盛，阴道褶皱较多，分泌液增加，而外生殖器容易藏污纳垢，尤其是阴道口，靠近尿道口和肛门，容易被污染。因此，青春期女孩要做好个人卫生，每天用温水清洗外阴；要注意衣着宽松，选择透气性好、吸湿性强的棉质内裤，每天更换内裤，单独清洗，并在阳光下暴晒；做好月经周期记录，注意经期卫生，勤换卫生巾。此外，青春期女孩还要洁身自爱，杜绝过早性生活和不安全性行为，掌握性与生殖健康相关知识和技能，预防性传播疾病和生殖道感染。

（朱丽均）

第一章 青春期发育与保健

青少年女性，更适合接种HPV疫苗

青春故事

假期过后，初中生伊伊听好朋友萌萌说去医院打了第一针HPV疫苗，很是好奇，回家问妈妈什么是HPV疫苗，自己需不需要打。伊伊妈妈对HPV疫苗有所耳闻，但不太了解其具体作用及多大年龄可以接种，因此带女儿去医院咨询。

接种HPV疫苗可预防宫颈癌

宫颈癌是威胁女性健康的主要恶性肿瘤之一，98%～99%的宫颈癌由高危型人乳头瘤病毒（HPV）持续感染所致。此外，约88%的肛门癌、50%的阴茎癌、43%的外阴癌及口咽癌等肿瘤，均与高危型HPV持续感染有关。目前，接种HPV疫苗是预防HPV感染的有效方法。

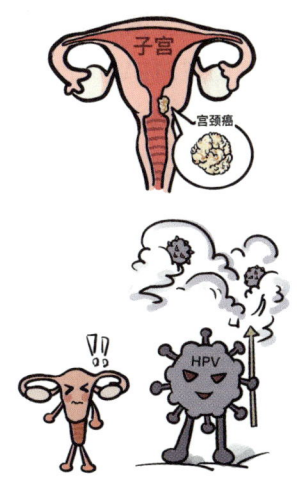

— 31 —

什么年龄接种好

青少年女性接种HPV疫苗的预防效果更好。研究发现：我国城市女性初次性行为的中位年龄为22岁，农村女性为21岁；超过10%的15～19岁女性已有性生活；17～24岁和40～44岁的女性，高危型HPV的感染率较高。因此，我国2020年发布的《HPV疫苗临床应用中国专家共识》优先推荐9～26岁女性接种HPV疫苗，特别是17岁以下的女性，同时推荐27～45岁有条件的女性接种。总之，女性在首次性生活之前接种HPV疫苗，性价比最高；即使有过性生活，也可以接种。

哪种HPV疫苗好

目前，我国大陆有4种HPV疫苗可以接种，包括国产二价HPV疫苗、二价HPV吸附疫苗、四价和九价HPV疫苗。二价疫苗预防HPV 16和HPV 18两种高危型HPV，四价疫苗增加HPV 6和HPV 11两种低危型HPV的预防，九价疫苗在四价基础上增加五种高危型HPV的预防，包括HPV 31、33、45、52、58。二价、四价和九价疫苗都适用于9～45岁女性。一般情况下，HPV疫苗接种3针。二价疫苗接种时间为第0、1、6个月，四价和九价疫苗接种时间为第0、2、6个月。

理论上，九价疫苗可预防的HPV型别最多。实际上，二价和四价疫苗的保护力已很"可观"，女性朋友们能预约到哪种就先接种哪种，越早接种，预防效果越好。

接种二价或四价后能否补种九价

二价或四价 HPV 疫苗接种后对宫颈病变的保护力接近 80%，九价疫苗的保护力可增加 10% 左右。接种二价或四价疫苗后，一般不必补种九价疫苗。

HPV 疫苗可以保护一生吗

世界上第一种 HPV 疫苗是 2006 年开始接种的四价疫苗，至今已有近二十年。检测发现，那时接种疫苗的人群体内保护性 HPV 抗体的滴度目前仍很高。因此，HPV 疫苗的保护期至少有十几年，是否能保护一生，还需要时间来验证。

接种前要不要筛查宫颈病变

没有必要。主要有两个原因：第一，很多青少年没有性生活史，无法进行宫颈病变筛查。就算有性生活，我国也不推荐 21 岁之前的女性进行宫颈病变筛查。第二，有性生活的女性，不论 HPV 是否阳性，都可以接种 HPV 疫苗。如果感染了疫苗预防范围之外的 HPV 亚型，接种疫苗可以预防与之相关的 HPV 亚型感染；如果感染了疫苗相关的 HPV 亚型，接种疫苗虽然不能治疗现有的感染，但可以在本次感染转阴后，预防未来再次感染这个亚型，只是保护力要"打折"。

（邹世恩）

青春健康案例汇编：发现青春

从"我害怕"到"我想做"

青春故事

对八年级女生小新来说，新增的生理卫生课程让她既好奇又渴望。最近，老师给大家普及了"加速消除宫颈癌"的知识，建议女生们现在就打HPV疫苗，以预防宫颈癌。这下，班级里炸开了锅。和其他女同学一样，小新的顾虑也不少：害怕疫苗有副作用，初中生就接种疫苗会遭人笑话，父母不支持，等等。

分析原因，消除误解

心存疑惑的小新与同学结伴来到妇女保健诊室咨询。起先，我引导她分析自己害怕的原因。小新说，害怕"疫苗有副作用"是因为自己上网查过，有人说打针后会有各种身体不适。我告诉她，这些信息缺乏科学性和专业性。另外，害怕"初中生就接种疫苗会遭人笑话"，是因为她不完全了解预防接种的作用。至于害怕"父母不支持"，是因为她从未就此事征求过父母的意见，并不知晓父母的态度，只是想当然。

其后,我让她回想小时候父母带她接种疫苗的情景。小新想起上幼儿园时,父母经常带她去社区卫生服务中心接种疫苗,每次打针,只要她不哭闹,父母都会奖励她爱吃的巧克力或棒棒糖,打针后身体也没什么不舒服。这些证据都说明:"疫苗是安全的""我们每个人从小就开始接种预防各种疾病的疫苗""我根本就不用害怕"。

接着,我给她普及了预防宫颈癌的相关知识:宫颈癌是女性发病率较高的恶性肿瘤;幸运的是,宫颈癌是目前唯一一个可以通过接种疫苗来预防的恶性肿瘤;HPV疫苗已上市十几年,安全可靠;在一些发达国家,几乎所有适龄女孩都会接种;等等。听完我的介绍,小新终于放下了担忧,询问了HPV疫苗的种类、价格和最佳接种年龄段,并打算回家跟父母商量后就去接种。

接种疫苗,助力消除宫颈癌

小新在生理卫生课上听到老师建议接种HPV疫苗的信息后,自己上网查询了相关信息,对HPV疫苗产生了误解,也未征求父母的意见。庆幸的是,她有很强的求知欲,通过咨询改变了自己的想法,由"我害怕"转变为"我想做"。

世界卫生组织于2020年提出《加速消除宫颈癌全球战略》,全球100多个国家共同参与,希望通过该项计划的实施于21世纪末消除宫颈癌。这一全球战略目标可概括为"90-70-90",其中的第一个"90"就是到2030年90%的女孩在15岁之前全程接种HPV疫苗。9~15岁的女孩或还没有性生活的女性,尽早接种HPV疫苗可以更早获得抗体保护,是世界卫生组织首先推荐接种的人群。

目前，我国广大中学生及其家长对HPV疫苗的认识不足，需要"医校联合"，提供更多、更广的宣传和咨询。

（朱丽均）

第一章 青春期发育与保健

"好好吃饭"很重要

青春故事

小玥是一名九年级学生,每天学习到很晚,早晨为了多睡一会儿懒觉,经常来不及吃早餐,学校附近的便利店就成了她的"食堂",薯片、饼干、面包都是首选,既省时又方便。放学后跟同学一起回家的路上,她会买些奶茶、炸鸡、烧烤,边走边吃,那是一天中最快乐的时光了。最近,小玥发现自己的身体开始"横向发展",她担心吃得太多导致营养过剩、继续发胖,因此刻意少吃,可吃得少了又总觉得饿,很是苦恼。

不良饮食习惯,致营养过剩与缺乏并存

看到小玥的故事,很多家长肯定会感慨,自己家的孩子跟小玥一样不"好好吃饭"。这种不良饮食习惯在青少年中很常见,即喜欢含糖饮料、肉类、油炸食品,水果、蔬菜、奶制品等摄入量低,饮食不规律,不吃早餐,偏食挑食,暴饮暴食,吃过多零食,等等。这是导致青少年营养过剩与营养缺乏并存的主要原因。

近年来，国内外的研究都发现，不良饮食习惯导致的青少年营养失衡相关疾病越来越多。比如：不吃全脂乳品、蛋黄、豆类、肝等食物，或不吃胡萝卜、西红柿、绿色蔬菜等，导致维生素A缺乏，引起夜盲症；偏食可致营养不良及营养性贫血发生率上升，孩子抗病能力下降，容易患感染性疾病和消化道疾病；营养过剩导致的肥胖、超重等问题，除影响孩子正常学习、活动和体育成绩外，也导致其成年后患高血压、血脂异常、糖尿病等疾病的风险大大增加。

合理饮食，青少年生长发育的重要保障

青少年的生长发育阶段称为青春发育期，是由儿童少年时期过渡到成人期的高速发育阶段，这一时期的不健康行为对身心健康的影响具有长期性。青少年生长快、活动量大、学习负担重，对能量和营养素的需求远超成年人，在保证基础营养供给的同时，还要满足其身高、体重两方面生长发育的需要。合理饮食作为青少年生长发育过程中的重要环节，与青少年的体质状况和发育水平息息相关，日常饮食一定要注意保证足量的能量和营养摄入。

青少年家长要掌握营养知识，做到以下几点：保证孩子的三餐定时定量，引导和督促孩子养成规律的饮食习惯；合理安排孩子的每日饮食，食物种类、来源、色彩应丰富多样；每餐应包括谷薯类、蔬菜水果、畜禽鱼蛋、奶和大豆等食物中的3类及以上，注意粗细、荤素搭配；每天食物种类达到12种以上，每周达到25种以上；合理烹调，多采用蒸、煮、炖、煨等烹饪方式，少用油炸、烧烤、腌渍等方式；改变菜肴风味，多变换花样，有助于孩子改掉挑食、偏

食的坏毛病；避免孩子超量进食，合理安排、指导孩子吃零食的次数和时间。

针对青少年的发育特点，家长应特别注意给孩子提供富含维生素、矿物质等营养素的食物。比如：青少年骨骼发育迅速，需要摄入充足的钙，每日应摄入一定量的奶类和豆类食物；目前青少年缺铁性贫血较为常见，应适当多吃富含维生素C的食物，如猕猴桃、橙子、番茄、菠菜等，以促进铁的吸收；青春发育期的女孩要常吃海产品，增加碘的摄入；等等。

日常生活中，家长还要注意孩子的身高、体重变化，及时发现生长发育问题，科学干预。

（张蕾）

青春健康案例汇编：发现青春

"慧吃"多动，科学长高

青春故事

暑假结束，13岁的小浩回到学校，立刻感到了前所未有的冲击。他的好朋友小明，似乎一夜之间变成了"长腿欧巴"，比自己高一头，其他同学也长高了不少，而自己却"长"势低迷。因为个子小，他总是被同学嘲笑，心中不禁产生焦虑：为什么自己仿佛依旧是上学期末的模样，怎样才能快点长高？

这份焦虑，是许多正经历青春期的少男少女共有的。那么，让我们一同来深入解析青春期身高增长的奥秘。

青春期，身高增长最为迅速

人体的骨量变化会经历四个时期，即生长发育期、骨峰值期、骨峰值后期和骨量快速丢失期。其中，生长发育期和骨峰值期是两个处于青少年时期的关键阶段，奠定了人一生的骨骼财富。

第一章 青春期发育与保健

青春期（10～19岁）是人生中身体成长最为迅速的时期，特别体现在身高的增长上。在这个时期，身高增长好像按下了"快进"键：男生从12～15岁开始突增，略晚于女生，生长速度进入青春期1～2年后达到高峰，在高峰时每年可长高10～12厘米；突增后，速度减慢，直到18～20岁身高几乎停止增长。这背后的原因可归结为生长激素和性激素的共同作用，生长速度的差异与每个人体内激素水平的变化及生长板（即骨骺线）的响应有关。生长板是一层位于长骨两端骨骺中的透明软骨组织，在生长过程中，软骨细胞不断增殖、分化和钙化，使长骨不断变长。当生长板越来越薄，直至完全闭合时，骨骼即停止生长。

多种因素影响身高增长

青少年的身高最终由遗传决定，还会受营养、运动、环境等诸多因素的影响。

❶ 遗传

遗传因素对孩子身高的影响占60%～70%。一般情况下，父母身材高大的，子女大概率会具有高大身材的遗传潜力，父母身材矮小的，子女大概率也会矮小。

❷ 营养

青春期的少男少女生长迅速，对能量和营养素的需求较高，不仅要满足生理代谢和身体活动的需要，还要满足组织器官生长发育的需要。青少年要注意蛋白质和钙的摄入，鱼、禽、肉、蛋、奶等动物性食物及豆制品均为优质蛋白质，尤其要注意保证每日300～500毫升奶和奶制品的摄入。同时，要控制含糖饮料、精制米面、高脂肪食物、反式脂肪酸类食品的摄入。

❸ 睡眠

人体进入深睡眠状态时会分泌生长激素，睡眠时间不足和睡眠质量差都可能会影响长高。由脑垂体分泌的生长激素会控制身高增长，夜间深睡眠阶段是生长激素的分泌高峰期，因此睡眠对于孩子的身高发育格外重要。

在睡眠充足的情况下，身体才有可能分泌更多的生长激素，帮助身高增长。初中生应保证每天9小时睡眠时间，高中生应尽量保证每天8小时睡眠时间。

❹ 运动

适度运动可以刺激生长激素的产生。同时，户外运动能够合成一定量的维生素D，促进身体对钙的吸收，改善骨密度和骨骼健康。一般情况下，青少年应每天进行1小时户外运动。从促进骨骼生长发育的角度来说，选择跑步、足球、篮球、跳绳等可对生长板进行有节奏挤压的运动，对骨骼生长发育能起到更好的作用，而挂单杠、牵引器拉伸等运动方式对长高的效果可能并不理想。

❺ 心理

青春期孩子的心理和情绪变化明显，第二性征的发育会使他们更加关注体形和体态，可能导致容貌焦虑，而保持积极的心态有利于生长激素的分泌。

❻ 疾病

一些慢性疾病会影响体重和身高增长，导致生长发育迟缓。建议家长们密切关注孩子的健康状况，一旦发现异常，要尽早就医。

抓住生长发育黄金期，科学"长高"

小浩了解了青春期的身高增长特点和影响因素，父母也开始关注孩子的身高，于是他们开始积极应对，向成长发起挑战。

❶ **专业指导**

在父母的陪同下，小浩去儿童医院进行了一次全面的身体检查和骨龄测试，并在医生建议下制定了成长计划，包括定期测量身高、个性化营养指导和作息计划。

❷ **定期测量身高**

父母在家中的一面墙上画出"成长轨迹"，每月给小浩测量一次身高，并记录数据。

❸ **均衡营养**

小浩开始关注自己的饮食，减少垃圾食品的摄入，增加高蛋白质和富含钙质食物的摄入，如牛奶、鸡蛋、肉类、豆制品和绿叶蔬菜等。同时，他还在医生指导下补充钙和维生素 D。

❹ **规律运动**

适量运动可以刺激骨骼和生长板，强化肌肉、骨骼和韧带，有助于孩子长高。小浩参加了学校的篮球队，每天打篮球不仅让他的身体更加健康，还增加了他的社交圈，释放了学业和成长的压力。

❺ **充足睡眠**

因睡眠不足，小浩尽量挤出时间，在学校完成一部分作业，这样晚上可以早点睡，保证每天有 9 小时睡眠。

当下一个暑假结束，小浩再次踏入学校时，他发现自己已经不再是那个矮小的"小弟弟"。通过一年的努力，他不仅身高有了明显增长，更重要的是学会了如何科学、积极地面对成长中的挑战。

青春期的成长之旅虽然充满未知和挑战，但同时也是探索和成长的宝贵时期。男孩女孩们，不要错过身高发育的黄金时期，愿你们用专业知识武装自己，迎接成长的每一次飞跃！

（洪维　沈心荷）

第二章

重视青春期常见问题

青春期

青春健康案例汇编：发现青春

月经异常，别大意

青春故事

小晴来月经1年多了，这次月经来了1个多月都没干净，妈妈觉得她可能还没发育好，并未重视。结果前几天，小晴在学校突然晕倒，被老师送到了医院。原来，小晴因为月经持续时间太长、出血量太多，导致严重贫血而晕厥，需要止血、调经等治疗。

女孩月经初潮一般发生在13岁左右，早的可以在10岁，晚的可以到16岁。青春期女孩由于卵巢功能尚未发育成熟，容易出现各种月经问题，包括周期不规律、经期过长或过短、月经量过多或过少、痛经等。在日常生活中，青春期女孩的家长应多加注意，经常与孩子沟通，发现异常后及时带孩子就医。

正常月经是怎样的

正常月经有周期性。出血的第一天为月经周期的开始，两次月经第一天的间隔时间为一个月经周期,通常为21～35天,平均28天。每次月经持续时间为经期,正常为3～7天,多数为4～6天。月经量即一次月经的总失血量,正常为20～60毫升。月经血为暗红色,除血液外,还有子宫内膜碎片、脱落的细胞、黏液等。一般月经血是不凝固的,出血量多或速度快时也可出现血凝块。

哪些情况需要就医

青春期女孩出现月经异常需要及时就医,包括月经周期过长或过短、经期过长、月经量过多等。比如:一个月来两次月经,几个月甚至半年都不来一次月经,月经持续1周以上,经前或经期有腹痛、腹泻、头痛等症状,超过16岁仍未有月经初潮,等等。

月经异常怎么治

一是对症处理。针对痛经,可以通过口服非甾体抗炎药、肛塞止痛药、中医穴位按摩等方法缓解症状。月经量过多者,可服用止血药;伴有贫血者,可加服补血药,如铁剂等。

二是调整月经。如果月经异常比较严重,可在医生指导下服用含雌激素、孕激素的药物,调整月经周期,控制出血量。目前,短效口服避孕药是治疗青春期月经异常的首选药物,也可选用中药治疗。

三是心理治疗。如果月经异常与心理、情绪等因素有关,可以进行心理治疗,缓解压力和焦虑。

四是手术治疗。极个别女孩痛经特别严重,检查发现有生殖道畸形（如处女膜闭锁、阴道斜隔）或子宫内膜异位症（如卵巢巧克力囊肿）等情况的，必要时需要手术治疗。

青春期女孩出现月经异常后，生活中要注意预防保健。比如：注意休息，保证充足的睡眠；平衡膳食、合理营养，少吃油炸、生冷、辛辣食品及饮料，适当增加富含铁的食物（如红肉和深绿色蔬菜）有助于防治贫血、减轻疲劳，多吃富含维生素 B_6 和镁的食物（如坚果、燕麦和香蕉）有助于减轻痛经；适当运动、增强体质，非月经期宜每天进行至少 60 分钟中等强度或以上有氧运动，如慢跑、游泳、跳舞等；学会减压，多与家人和同学交流。

（毛红芳）

第二章 重视青春期常见问题

警惕"大姨妈出走"

青春故事

小黄今年16岁,身形高挑消瘦。她12岁时月经初潮,1年前开始出现月经紊乱,近半年月经未来潮。经询问得知,小黄1年来严格控制饮食(低碳、低脂)并进行高强度运动,体重减轻了10千克。刚开始的半年中,她的月经周期延长,月经量减少;近半年来,月经干脆不来了,还出现了失眠、脱发症状。

小陈也是16岁,同样12岁时月经初潮,1年前开始出现月经紊乱,近半年月经未来潮。不同的是,她身形壮实,毛发浓密,面部有痤疮。询问病史后得知,她1年前上高中后因学业压力大,开始吃大量零食,包括甜品、饮料、薯片等,体重不知不觉上涨了8千克,皮肤变得油腻、容易长痘痘,体毛也更重了。经相关检查,小陈被诊断患有"多囊卵巢综合征"。

前面的章节中,我们已经介绍了月经的形成和规律,下面我们就来聊聊月经失调。月经周期延长、缩短、不规则,月经期延长、月经量较以往明显增多或减少,甚至点滴出血即净,都是月经失调的表现。以上青春期"大姨妈出走"是比较常见的两种月经失调情况,可诊断为继发性闭经。它是指正常月经建立后月经停止6个月及以上,或按自身原有月经周期计算,停止3个周期以上的情况。

这些因素,可致月经失调

❶ 精神因素

长期处于压抑、焦虑、紧张的负面情绪,或遭受重大精神刺激和心理创伤,会对下丘脑和垂体功能产生影响,引起激素分泌异常,从而导致月经失调。

❷ 药物因素

性激素类药物(如口服避孕药、雌激素类、孕激素类等)、影响凝血功能的药物(如阿司匹林、肝素等)、含有阿片类的药物(如盐酸哌替啶片等)、抗抑郁药(如盐酸氯米帕明片、盐酸阿米替林片等)等,都可能引起月经失调。

❸ 疾病因素

子宫肌瘤、子宫内膜息肉、子宫内膜异位症、宫腔粘连、生殖道炎症等器质性疾病,高泌乳素血症、甲状腺功能亢进或减退、卵巢功能减退、多囊卵巢综合征等内分泌紊乱疾病,都会引起月经失调。

❹ 其他

吸烟、酗酒、熬夜等不良生活习惯会干扰机体内分泌平衡,引起月经失调;脂肪细胞参与体内性激素代谢,过高或过低的体脂率都可能引起性激素代谢异常,导致月经失调;过度节食、过

第二章 重视青春期常见问题

度运动等导致机体供能不足，影响下丘脑、垂体功能，也可引起月经失调。

青春期月经失调，要引起重视

青春期是女性生育能力逐步完善的重要时期，维持正常月经周期对将来的生育非常重要。不排卵、闭经会导致卵巢和子宫萎缩，有些人需要经过数年的调理才能"唤醒"其功能。因此，关注女性生育力，要从青春期做起。

一方面，青春期女孩应注意健康生活，包括合理饮食、适当运动、劳逸结合、避免熬夜等，既要避免身材焦虑和"白幼瘦"的畸形审美观，也要避免饮食无节制、久坐少动，将体重保持在正常范围。另一方面，青春期女孩应注意记录月经周期等情况，发现异常及时就医，愉快地和"大姨妈"月月见。

（池丰丽）

反复腹痛，竟因处女膜闭锁

青春故事

茜茜今年12岁，上小学六年级。去年春节期间，她出现腹痛、恶心、呕吐、腹泻症状，经抗感染、解痉治疗后缓解。其后，茜茜反复出现类似症状，父母并未加以重视。直到去年暑假，她再次发生腹痛，并出现排尿困难症状，妈妈才赶紧带她去医院就诊。

外科医生检查时发现其下腹部有包块，请妇科医生会诊。妇科医生了解到茜茜反复腹痛的病史及尚无月经来潮，于是进行了妇科检查和腹部超声检查，结果发现其子宫及阴道内有积液，诊断她患有处女膜闭锁。与茜茜父母沟通后，医生为茜茜做了处女膜切开手术，共清理出400多毫升积血伴血块。术后，茜茜的月经每月如期来潮，恢复了往日的健康和快乐。

处女膜闭锁又称无孔处女膜，是一种先天性生殖道畸形。患儿在月经初潮前无任何症状；月经初潮后，经血无法排出，最初积在阴道内，多次月经来潮后越积越多，造成子宫、输卵管积血，甚至腹腔内积血。

迟迟不见月经初潮，原因可能是处女膜闭锁

青春期女孩的性发育主要包括第二性征（乳房、阴毛、腋毛）发育和性器官（卵巢、子宫、输卵管、阴道、外阴）发育。若女孩存在处女膜闭锁，则进入青春期后，有乳房、体毛等第二性征发育，但无月经初潮表现，也就是没有经血流出。因经血积聚在体内，患儿会出现进行性加重的周期性下腹痛，约每个月1次，发生于相近日期，持续4～5天，可伴乳房胀痛。随着时间的推移，经血越积越多，患儿下腹部可摸到包块，并逐渐增大；严重时可出现排尿障碍，如尿频、排尿不畅，甚至急性尿潴留。

妇科超声检查可发现患儿子宫底部上移，宫腔、宫颈及阴道明显扩张、有积液，内部回声不均，可呈细密的点状回声。有时积血形成血块，积液征象不典型。

诊断、治疗较简单

怀疑处女膜闭锁时，可通过以下方法确诊：① 妇科检查，可见处女膜向外膨隆，表面呈紫蓝色，无阴道开口；肛诊可摸到阴道内有包块，向直肠前壁膨出，子宫增大，其两侧有囊性肿块。② 经处女膜膨隆处以粗针穿刺，可抽出黏稠、不凝固的深褐色、陈旧性血液。

处女膜闭锁是女性生殖道畸形中最容易治疗的一种疾病。确诊

后，应立即手术治疗：先将处女膜做 X 形切开，引流出积血；待大部分积血排出后，检查子宫颈是否正常；最后切除多余的处女膜瓣，缝合切口边缘即可。

及时治疗，一般不影响生育

在子宫及阴道发育正常的情况下，处女膜闭锁导致初潮后经血积存于阴道内，继之扩展到子宫，形成阴道子宫积血。如果未及时发现和处理，积血过多，可流入输卵管和腹腔，可能导致子宫内膜异位症；若继发感染，还会造成盆腔脓肿，可能对患者将来的生育造成负面影响。如果及时发现和处理，今后的月经和生育一般不受影响。

（许洁霜）

第二章 重视青春期常见问题

当青春期撞上"多囊"

青春故事

"这两年越来越胖,脖子上总是黑乎乎的,洗不干净。"

"脸上爆满痘痘,身上体毛特别旺盛,又多又黑又粗。"

"月经有时三个月不来,有时来了不走,最长的一次来了一个月;月经量有时很多,有时很少。"

……

在妇科诊室,经常有一些青春期女孩在妈妈的陪伴下来就诊,她们因肥胖、多毛、痤疮、月经紊乱而烦恼,以至于产生自卑情绪,甚至无法静下心来学习。她们患有一种女性常见的内分泌及代谢性疾病——多囊卵巢综合征。

多囊卵巢综合征(PCOS)以长期排卵功能障碍、雄激素过多及卵巢多囊样改变为主要特征,患者普遍存在胰岛素抵抗。其发病机制较为复杂，目前认为，青春期多囊卵巢综合征与遗传、环境、宫内雄激素暴露、低出生体重、肥胖、肾上腺功能早现、性早熟等因素有关，作息和饮食不规律、压力大、缺乏体育锻炼等可加重病情。

出现三大症状，警惕"多囊"

青春期女孩出现肥胖、多毛、痤疮、月经紊乱等症状时，家长应提高警惕，及时带孩子去医院妇科就诊。

❶ 肥胖、黑棘皮症

月经来潮后，体重迅速增长，变得"虎背熊腰"；身上出现天鹅绒样、疣状、色素过多沉着的皮肤，尤其多见于颈部、腋窝、乳房下方、外阴、腹股沟等处。

❷ 多毛、痤疮

毛发增多，主要表现为阴毛、腋毛浓密，口唇周围、乳晕周围、腹部中线等部位也可见毛发；面部痤疮，伴皮肤粗糙、毛孔粗大，具有症状重、持续时间长、顽固难愈、治疗效果差的特点。

❸ 月经稀发、月经不调

大多数患者从月经初潮开始，月经就不规律，有的患者表现为闭经（停经时间≥6个月）、月经稀发（月经周期为35天至6个月，持续2年以上）。

早治早管，健康成长

多囊卵巢综合征的远期危害包括导致不孕、子宫内膜增生，增加2型糖尿病、心血管病等疾病的发生率。早诊断、早治疗、早管理，有助于降低上述风险。

❶ 生活方式治疗

调整生活方式是改善青春期多囊卵巢综合征的一线治疗方法，包括低糖、低脂饮食，增加运动，培养良好的作息习惯，避免熬夜，等等。对超重及肥胖的患者而言，加强锻炼、控制体重尤为重要。不过，青春期是生长发育的重要阶段，控制体重应合理、循序渐进，以保证生长发育的需要。

❷ 药物治疗

青春期多囊卵巢综合征的药物治疗以调节月经周期、抵抗高雄激素为主，一般首选口服复方短效避孕药，患者应遵医嘱用药。

❸ 心理疏导

多囊卵巢综合征的治疗是一个长期的过程。青春期的孩子学业强度大，若罹患该病，更容易出现情绪波动、精神过度紧张，因此需要注意放松身心、调节情绪、适当休息。家长应给孩子营造宽松的环境，与孩子保持良好沟通，让孩子知晓该病并不可怕，只要规范治疗和管理，完全可以健康地生活。同时，家长应关注孩子的心理发展，多倾听孩子的心声，多关注其在学校学习、与同学间社交的情况，以便及时发现和解决心理问题，帮助孩子健康快乐地成长。

（张晓华）

青春健康案例汇编：发现青春

身高"超常发挥"，竟然需要治疗

青春故事

1年半前，门诊来了个7岁的女孩，家长觉得孩子长得太快，想咨询是否需要补充某些维生素。女孩妈妈说，孩子出生的时候挺正常的，但是一直比同龄人长得高，而他们夫妻个子一般（母亲156厘米，父亲170厘米），担心孩子营养跟不上。家长保存了孩子进入幼儿园后每年的体检报告，孩子这几年每年身高增长7～9厘米不等，身高曲线一直处于较高水平，目前129.5厘米，在班级里属于高个子。

我们对女孩进行了相关检查。体格检查基本正常。骨龄及血液生化检测报告显示骨龄为10岁，比实际年龄超了3岁。按照这一骨龄，女孩身高所处百分位水平接近矮小症诊断标准，如果不及时干预，预测其成年身高约152厘米，低于其遗传靶身高156.5厘米。性激素检测结果显示，黄体生成素（LH）及卵泡刺激素（FSH）水平均轻度升高。维生素检测结果显示，维生素D水平偏低，其余指标均正常。

第二章 重视青春期常见问题

> 经过综合评估，我们为女孩制定了治疗方案。通过1年半的治疗，目前孩子的状况得到了明显改善。

性早熟，影响身高、心理和行为

中枢性性早熟是在正常青春期发动年龄（目前我国相关指南推荐界定年龄为女孩7.5岁）之前，下丘脑-垂体-性腺轴功能提前激活，促性腺激素释放激素（GnRH）增加，导致性腺发育并分泌性激素，使内、外生殖器发育和第二性征呈现。

中枢性性早熟可引起女孩早初潮，骨龄超过实际年龄，骨骺提前愈合，不仅影响最终身高，还可引起相应的心理问题或社会行为异常。上述病例中的女孩骨骼成熟和性征发育提前并明显加速，如继续维持当时的骨龄增长情况，其成年身高极有可能受损，低于遗传靶身高，具有采用促性腺激素释放激素抑制剂（GnRHa）进行治疗的指征。家长有强烈的干预意愿，孩子本人也愿意接受治疗，因此女孩使用了GnRHa注射治疗。

儿童生长发育期，家长应密切关注

有的孩子看起来长得又快又好，实际上可能存在潜在的生长潜力受损；有的孩子从小生长慢，家长以为是"晚长"，然而孩子的骨龄检测结果却并非如此。儿童生长发育是一个连续但非匀速的过程，存在个体差异，但是又有一定的规律性。

家长在儿童生长发育过程中，除密切关注孩子每年的体格检查数据外，还应经常观察孩子的身体变化，如果发现孩子身高、体重增加速度过快或过慢，最好带孩子到医院儿童生长发育相关门诊进行详细检查。及时检查和评估不仅有利于促进孩子的体格发育，还能早期发现明显的生长发育偏离及营养不均衡，并及时给予纠正，以免导致无法逆转的不良生长发育结局。上述病例中，家长比较关注孩子的生长发育情况，在日常生活中观察到了孩子的发育异常并及时就医，因此成功遏制了孩子的性早熟发育进程。

对于生长发育指标正常的儿童，也建议家长至少每年带孩子到医院儿童保健科或生长发育相关科室进行一次健康评估，以及时发现可能存在的影响健康成长的不良因素。

出现这些情况，要及时就诊

为避免错过孩子生长发育干预的最佳时机，如果孩子出现以下情况，家长要引起重视，及时带孩子去医院检查。

1. 身材矮小，比如孩子在班级里总是处于身高较矮的行列中。

2. 身高增长速度过慢：2岁以下身高增长＜7厘米/年，2～3岁身高增长＜5.5厘米/年，4～5岁身高增长＜5厘米/年，6岁至青春期前身高增长＜4厘米/年，青春期身高增长＜6厘米/年。

3. 生长速度过快，尤其是一段时间内生长速度突然明显加快。

4. 女孩7.5岁前出现乳房发育和（或）10岁前月经初潮。

5. 男孩9岁前出现变声、睾丸增大等情况。

（吴巧玲　徐健）

青春健康案例汇编：发现青春

不该迟到的花期

青春故事

八年级的教室里，14岁的婉婉坐在第一排。她最近总显得闷闷不乐，成绩也有所下降，老师发现她这种状态后告知了家长。妈妈经过耐心询问，才了解其中原因。原来，婉婉班上的女同学们这两年都长得很高了，隆起的胸脯和笔直的大长腿显得青春洋溢，还经常聚在一起谈论一些女生的话题，但婉婉瘦小的身体什么动静也没有，胸部平平、个子小小，其他女生也不喜欢和她聊天，她觉得自己的身体一定有问题。

婉婉的直觉非常正确，14岁还没出现乳房发育确实是需要关注的。虽然青春期发育的启动时间存在个体差异，但也有一个相对正常的年龄范围。通常情况下，女孩在8～10岁乳房开始发育，男孩要晚一些，在10～12岁出现睾丸增大。当然还有更晚些的，据统计：大约97.7%的女孩不会晚于12岁开始青春期发育，97.7%的男孩在不会晚于13岁半开始青春期发育。

第二章 重视青春期常见问题

认识青春期发育延迟

倘若女孩超过 13 岁、男孩超过 14 岁还没进入青春期，则被称为青春期发育延迟，需要去医院进行相应的检查和评估。除此之外，女孩即使在 13 岁前出现乳房发育，但在其后 4 年内未完成青春期发育的，也属于青春期发育延迟；在男孩，这一时间则为 3 年。

多数发育延迟属于"晚长"

青春期发育延迟大概影响 2% 的青少年，导致其发生的原因很多，有些是小问题，有些则比较严重。

值得庆幸的是，在所有的病因中，体质性青春期发育延迟最为常见，也就人们常说的"晚长"，占 70%～80%，以男孩多见，与遗传有密切关系。体质性青春期发育延迟的孩子在儿童期的生长速度通常处于正常范围的低限，体形较同龄儿童瘦小，但可以在某个时间点出现正常的青春期发育，有的甚至延迟至 16～17 岁，而最终成年身高并不受影响。不过，这是一个排他性诊断，也就是需要排除其他诊断后，才可考虑。

在待排的相关疾病中，小儿性腺功能减退虽然占比较小，但病因复杂、结局严重，需要及时进行筛查、诊断和治疗。小儿性腺功能减退又称性发育不良，是指小儿生殖系统先天或后天性发育缺陷，导致生殖腺（卵巢和睾丸）功能减退的一类疾病，如垂体功能异常、脑血管异常、肿瘤等，还包括一些染色体病和基因病。小儿性腺功能减退在儿童期比较隐蔽，一旦确诊，应该及时治疗，目的是促进性腺发育，诱导青春期发育的启动，恢复和维持患儿体内正常性激素水平及其性腺功能，防止性腺组织长期处于沉默状态而废用。否则，将可能导致不良结局，如生育能力缺失、性功能障碍、性发育不全、身材矮小，还容易增加远期健康风险，如引起代谢综合征、心血管疾病、骨质疏松症等，对情绪、认知、社交等也会造成负面影响。

此外，罹患慢性疾病，长期营养不良，处于极端压力、焦虑、抑郁等状态，以及一些环境和药物的影响，都有可能引起青春期发育延迟。

营养不良，影响青春期发育

在随后的数天内，婉婉经历了各项检查，包括骨龄、超声、头颅和垂体磁共振、染色体分析，以及各种相关激素的检测和激发试验等。综合各项检查结果来看，她的各个器官发育没有缺陷，性腺功能处于正常状态，生长激素水平合理，染色体也无异常，但白蛋白、血红蛋白等指标明显低下。结合骨龄落后和身材矮小问题，婉婉的青春期发育延迟应该是因为长期营养不良导致的，需要纠正贫血、加强营养。原来，婉婉从小吃东西过于精细，口腔咀嚼、吞咽能力差，从而造成了严重挑食、偏食，平时一顿饭经常只是吃点蔬菜、喝点汤。

在儿童和青少年中，营养不良其实是一直被强调的公共卫生问题，因为营养对儿童和青少年的生长发育有着深远的影响。在青春期发育启动之前存在营养不良，可能会扰乱内分泌系统的正常功能。青春期发育的启动、发展和结束由人体中的一个内分泌轴控制，医学上称为下丘脑-垂体-性腺轴，其工作原理就像一支军队：下丘脑是指挥部，负责监控和指挥作战；垂体是情报部门，根据下丘脑的指令收集信息并下达相应的命令；性腺是前线部队，根据垂体的指令执行任务，产生相应的激素，影响生殖系统的功能。各个部门相互配合，确保军队的顺畅运行，而营养就像军队的后勤保障部门。都说"兵马未动，粮草先行"，没有粮草，军队就打不了仗，或者会打得很艰辛。在人体中，营养不足会抑制下丘脑释放青春期发育启动的信号，那么人体也不会出现第二性征的变化。青春期发育启动之后发生营养不良，也会出问题。

家长要关注孩子的身体和心理状态

3个月后，通过纠正贫血、增加营养摄入，婉婉的状态好了许多，心情有很大改观，个子也长了2厘米。从这个案例我们可以看出，婉婉父母作为监护人，应该对孩子青春期发育延迟负有一定责任：

一是对孩子的营养状态没有更多关注。家长应该留意孩子的饮食习惯，确保孩子摄入足够的蛋白质、维生素、矿物质等营养素，以支持身体的正常生长发育。

二是没有及时带孩子就诊，女孩超过12岁还没有出现乳房发育的，应及时去医院检查，况且婉婉还有身材矮小的问题。一味地认为孩子只是晚长，显得有点自欺欺人，这种错误和固执的认知往往会让孩子错失最佳治疗时间，造成不良后果。

三是没有关注孩子的心理状态。家长应该注重与孩子的沟通，倾听孩子的想法、感受和困扰；平常要多观察孩子的情绪和行为变化，及时发现问题。家长最好能做到与孩子建立亲密、信任的关系，从而使孩子乐意分享自己的内心世界。

（祝丹）

青春健康案例汇编：发现青春

保护睾丸，男孩"必修课"

> **青春故事**
>
> 男孩成成上七年级，喜爱运动，敢于冒险。一个周六的上午，他骑着自行车从几十级台阶上飞驰而下，赢得了小伙伴们的阵阵欢呼。晚上临睡前，他告诉妈妈，阴囊里面疼得厉害，表面又红又肿。妈妈吓坏了，赶紧带他去医院急诊科就诊。超声检查发现，成成的左侧睾丸内已经没有血流信号，被诊断为左侧睾丸完全扭转。由于扭转时间太长，他的左侧睾丸已经坏死，只好接受了左侧睾丸切除手术。

什么是睾丸扭转

睾丸位于阴囊中，左右各一个，上端与精索相连，下端游离。精索由动脉、静脉、淋巴管、神经、提睾肌、输精管等组成。剧烈运动、外伤等可使精索发生扭转，导致睾丸缺血、坏死，医学上称为睾丸扭转。有时，睾丸扭转也可在无诱因的情况下发生。睾丸扭转可发生于任何年龄男性，以青春期男孩最为多见。

第二章 重视青春期常见问题

睾丸扭转有哪些危害

睾丸扭转可导致睾丸急性缺血,引起阴囊疼痛、肿胀等症状,患者通常还伴有恶心、呕吐。如果缺血超过12小时,睾丸会发生不可逆的损伤;如果缺血时间更久,则可能造成睾丸坏死。虽然切除一侧睾丸不会对男性的生育能力造成太大影响,但势必会影响心理健康。

发生睾丸扭转后,患者必须立刻就诊,以免错过最佳治疗时机。如果在扭转后的6小时内及时处理,最迟不超过12小时,大多数缺血的睾丸还"有救";如果超过12小时,睾丸可能坏死,不得不手术切除。

青春期男孩怎样保护睾丸

青春期男孩好动且运动量大,除容易发生睾丸扭转外,性器官受伤的可能性也比较大。在进行篮球、足球、橄榄球、跆拳道、空手道、柔道、击剑、骑车等运动时,青春期男孩要提高对睾丸、阴茎的保护意识,尽量避免危险动作,必要时可佩戴合适的运动护具。如果发生下列情况,要立即就医:阴囊疼痛持续1小时以上,出现较为严重的肿胀,阴囊或其周围皮肤颜色改变,阴囊被刺破或受到挤压,患者出现呕吐或腹痛症状。

(许洁霜)

青春期男孩，包皮问题要重视

青春故事

初中生小蔡和小郭是好朋友。暑假里，小蔡去医院做了"割包皮"手术，小郭得知后，也研究起了这个问题。他发现自己确实与小蔡手术后的外观有点不一样，并委婉地把这件事告诉了父母。小郭父母一听，马上预约了泌尿外科门诊。就诊后，医生说小郭的包皮有点长，不过不一定需要手术治疗，只要注意局部卫生就可以了。

每年暑假，都有很多家长带着青春期男孩到泌尿外科就诊。家长们的问题聚焦于：孩子的生殖器官发育正常吗？包皮是不是过长，会不会影响阴茎发育，需要做手术吗？

男孩在婴幼儿阶段，阴茎包皮的影响相对较小，因为此时阴茎发育尚未开始；进入青春期，大量雄激素源源不断地产生，阴茎开始发育，阴茎包皮的问题就变得重要起来。

常见问题：包皮过长、包茎

包皮过长是指包皮完全遮盖尿道口，但可向上翻转，显露整个阴茎头（即完全露出冠状沟）。一般而言，婴幼儿期包皮过长不会影响阴茎发育，只要经常上翻、清洗即可，无须过早手术，最好等到阴茎发育基本结束时再考虑是否需要手术。如果反复出现包皮垢增多、包皮龟头炎发作，或包皮完全覆盖尿道外口，导致排尿后包皮腔内积聚尿液等情况，宜及时行包皮环切术。

包茎是指包皮口狭小，包皮包裹尿道口和阴茎头，不能向上翻转，或虽能翻转但不能露出整个阴茎头。对青春期前的男孩而言，包茎可以是生理性的，除非影响排尿或导致感染，一般不用急于手术治疗；若包茎严重且阴茎皮肤过少，影响阴茎发育，则需要及时手术。进入青春期后，阴茎受雄激素影响而快速生长，包茎会限制阴茎发育，造成勃起不适感等情况；同时，皮脂腺分泌变得旺盛，包茎会导致包皮垢堆积，无法有效清洁，造成龟头炎反复发作、包皮龟头粘连、尿路感染、包皮嵌顿等诸多问题。成年后，包茎还会诱发性功能障碍、急慢性前列腺炎、男性不育，甚至阴茎癌。因此，青春期男孩如存在包茎，需要及时行包皮环切术。

少见问题：隐匿阴茎、蹼状阴茎

除上述情况外，还有一些阴茎包皮问题也要手术治疗，如隐匿阴茎和蹼状阴茎。

隐匿阴茎指阴茎大小基本正常，但全部或大部分阴茎藏匿于耻骨前或阴囊皮下组织中，阴茎外观短小，凸出外面的只有部分阴茎体和尖尖的包皮，严重者外观仅仅见到包皮。如果用手按压阴茎根部周围皮肤，阴茎体就会显露出来，但手一放开，阴茎体重新回缩；蹲位或坐位时，阴茎缩进的程度更为明显。

蹼状阴茎又称阴茎阴囊皮肤融合，是指阴囊中缝皮肤与阴茎腹侧皮肤相融合，使阴茎与阴囊未完全分离，呈蹼状，失去了正常阴茎阴囊角的形态。当用手提起阴茎或阴茎勃起时，阴茎和阴囊之间的角度不明显。

特别提醒

青春期男孩包皮过长不一定需要手术治疗，但包茎等问题则需要手术治疗。家长应积极关注青春期男孩的生殖器官发育情况，尽早发现问题，及时规范诊治，同时要培养孩子的健康意识，引导孩子保持良好的卫生习惯和生活习惯，包括每天用温水清洗包皮等。

（郁超）

第二章 重视青春期常见问题

阴囊"肿块"像蚯蚓，要不要紧

青春故事

高一男生小张长得瘦瘦高高，身体健健康康的，很少生病。军训时，小张站久了觉得阴囊有些隐痛不适，尤其是左侧，有时会有明显的坠胀感，不过坐下或躺平后可以缓解，就没有特别在意。一次洗澡时，小张观察了一下自己的"蛋蛋"，发现左侧阴囊比右侧大，且左侧上部有一坨东西，皮肤表面青筋突出，像一团蚯蚓一样。小张担心长了什么不好的东西，于是马上告诉了爸爸。爸爸陪他去医院检查，最终诊断患有左侧精索静脉曲张。

什么是精索静脉曲张

顾名思义，精索静脉曲张是发生于精索部位的静脉曲张。精索是阴囊内连接睾丸、附睾和腹腔的条索状结构，就在阴囊内睾丸的上方。精索中，有输精管、动脉、神经、淋巴管等结构，还有精索静脉，在睾丸、附睾将养分代谢后，负责把产生的"废物"运走。

与身体其他部位静脉不同的是，精索静脉有很多分支，像树的枝蔓一样，医学上称为蔓状静脉丛。之所以长成这个样子，是为了扩大表面积，有利于散热，从而降低睾丸的温度。睾丸的工作温度要比身体温度低2～4℃，在比身体"凉快"的环境下，睾丸才能正常产生精子、分泌雄激素。

精索静脉曲张时，静脉里的血液不能正常回流，于是淤积在血管里，使得静脉血管增粗、扩张，甚至异常扭曲，摸上去感觉有一个增粗的团块。曲张严重的时候，其外表看起来就像一团蚯蚓一样。精索静脉曲张使得和体温相近的血液瘀滞在阴囊，导致阴囊内温度增高。睾丸处于高温环境，就不能正常工作了。

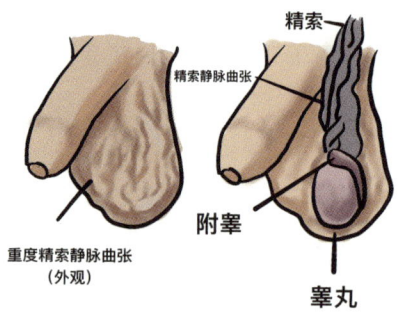

精索静脉曲张有哪些危害

精索静脉曲张主要引起男性生育力下降。很多男性平时感觉没有任何异常，因婚后不孕不育而去医院进行精液检查，发现精子数量少、活力低、畸形率高，病情严重的患者精子数量极少，甚至没有精子。然后经进一步检查，才发现存在精索静脉曲张。

在不孕不育门诊，大约每4个男性中就有1人因精索静脉曲张而导致精液质量异常。温度升高、压力增大、氧化应激、缺血缺氧、代谢废物和有毒物质破坏睾丸结构和功能，被认为是精索静脉曲张的主要原因。一般通过手术、药物等治疗后，患者的生育力会有明显改善。

青少年由于没有生育要求，往往会忽视精索静脉曲张的存在而没有及时就诊。只是到将来结婚后，出现生育困难时，才在之后的就诊过程中"破案"。少数青少年则会因为疼痛不适，或者具备相关知识和意识，自己查体发现阴囊大小异常、有蚯蚓样团块而主动就诊。

值得注意的是，除了引起阴囊疼痛和影响生育力外，对青少年而言，精索静脉曲张往往还会影响睾丸的生长和发育。在单侧精索静脉曲张的青少年身上，常常发现患侧睾丸体积缩小、质地偏软。这说明睾丸发育受到了影响，或者睾丸出现了损伤。通过B超检查测量双侧睾丸大小，如果体积相差2毫升或20%以上，是比较严重的情况。双侧精索静脉曲张者由于无法做自身对照，不太好判断，但往往发现两个睾丸都小而软。此外，如果性激素检测发现异常，可间接反映睾丸生精功能受损。

精索静脉曲张比较常见

精索静脉曲张很常见，10个成年男性中就有1~2人存在不同程度的精索静脉曲张；5个精索静脉曲张的男性中大约有1人可能会面临生育问题。青少年中，精索静脉曲张的发病率为10%~15%，绝大多数在 10 岁左右生长发育开始后发生，尤其是瘦高体型的男孩。绝大多数精索静脉曲张发生在左侧，约占 90%。双侧精索静脉曲张占 2%～10%，单纯右侧精索静脉曲张比较少见。

大多数精索静脉曲张患者没有什么症状，只有 2%～11% 的患者会因为阴囊疼痛、久站后坠胀不适而就诊。医生通过简单的视诊和触诊，结合 B 超检查，便可做出诊断。

临床上，轻度精索静脉曲张一般只有通过 B 超检查才能发现，或者在患者站立屏气时，医生才能摸到团块。中度精索静脉曲张患者在站立时，医生就可以摸到团块。重度精索静脉曲张者，通过肉眼就可以看到阴囊表面有突出的蚯蚓团块。

需要说明的是，精索静脉曲张的严重程度并不直接对应睾丸功能受影响的程度。就生育力低下、雄激素分泌受影响程度和疼痛等症状来说，少数轻度精索静脉曲张患者可以表现出严重的症状，而少数重度患者可以表现为轻微症状或完全没有症状。

青少年的精索静脉曲张怎么办

精索静脉曲张一般不会自愈。青少年平时要注意养成健康的生活习惯，比如：避免久站、久坐及搬运重物等增加腹腔压力的动作，以免加重血液淤积；注意避免阴囊温度过高，不宜长时间泡热水澡。对于瘦高体型的患者来说，适当增肥，通过脂肪垫把主动脉和肠系膜上动脉的夹角撑开，有助于缓解左侧精索静脉曲张。

药物（如迈之灵片、地奥司明片等）治疗可以改善静脉功能，减轻精索静脉曲张引起的症状，但不能阻止已经发生的睾丸生长停滞。

手术治疗包括精索静脉结扎术和 X 线透视下精索静脉栓塞术。近年来，主要采用显微镜下低位精索静脉结扎的手术方法。其效果好，治疗彻底，并发症和远期复发率均极低。

青少年发生轻度精索静脉曲张，可以采取保守治疗并观察随访。建议每年进行一次超声检查，评估睾丸体积；如果可能的话，尽早做精液检测，判断生育力。若病情发展到中度以上，由于阻碍睾丸发育，或导致睾丸功能进行性下降，应积极处理。目前，对患侧睾丸体积低于健侧 20% 以上、双侧精索静脉曲张，或者已经出现性激素异常、生精功能下降的青少年，多数专家主张尽早手术，以预防成年后不孕不育及其心理影响。

此外，睾丸疼痛也是尽早手术治疗的指征。但值得注意的是，有 20%～30% 的患者虽然手术后感到疼痛明显缓解，但并不能完全消失，有可能长期存在。其机制未明，可口服镇痛消炎药对症治疗。

（胡剑麟）

青春健康案例汇编：发现青春

难闻的青春气息

青春故事

博博即将升入高中，他平时热爱运动，尤其喜欢打篮球。随着年龄增长，博博发现自己身上特别是腋窝处总是带着一股难以名状的异味，尤其是在运动过后，这股异味更加明显，让他感到非常尴尬。他尝试了各种方法，如勤洗澡、更换衣物等，但异味仍然挥之不去。博博的父母注意到了他的困扰，带他去医院就诊。检查发现，博博患有腋臭。医生详细解释了腋臭的成因和治疗方法，并提出一些生活建议。经过一段时间的治疗和调整，症状得到明显改善，博博重新找回了自信和快乐。

腋臭，俗称狐臭，是腋窝部位大汗腺分泌的汗液被细菌分解所产生的特殊气味。这种气味通常与个人的体质、遗传、生活习惯等因素有关。青少年由于身体发育和激素变化，大汗腺分泌旺盛，因此腋臭较为常见。

腋臭，影响生活和心理

腋臭的主要症状是腋下散发出的气味，这种气味通常在运动、紧张或天气炎热时更加明显。此外，患者可伴有腋下多汗、瘙痒等症状。

腋臭可对青少年的生活质量和心理健康产生一定影响。由于异味的影响，青少年会感到自卑、尴尬，甚至影响社交和人际关系。长期的心理压力还可能使青少年出现焦虑、抑郁等心理问题。

减轻腋臭并不难

治疗腋臭，可根据具体情况选择药物治疗、手术治疗或物理治疗，也要注意日常护理。

❶ 药物治疗

主要包括外用药和口服药。外用药如抗菌剂、抑汗剂等，可以减少细菌滋生和汗液分泌；口服药如调节内分泌的药物，可以改善腋臭症状。需要注意的是，药物治疗需要在医生指导下进行，以免出现不良反应。

❷ 手术治疗及物理治疗

症状较重者可以考虑。手术治疗指切除大汗腺，物理治疗主要有激光治疗等。

❸ 日常护理

主要措施包括：保持腋下清洁干燥，勤洗澡、更换衣物；避免穿紧身衣物和化纤材质的衣服；保持良好的生活习惯和饮食习惯，避免熬夜、过度劳累等不良行为；保持良好的心态，避免过度紧张和焦虑。

家长，应给予关心和支持

面对青少年的腋臭问题，家长可以从以下几个方面给予关心和支持：

❶ 关注孩子的心理健康

腋臭可能给孩子带来心理压力和自卑感，家长要关注孩子的情绪变化，及时给予鼓励和支持，帮助孩子建立自信。

❷ 引导孩子正确面对

家长要与孩子沟通，了解他们的困扰和需求，引导他们正确面对腋臭问题：不要过分在意他人的眼光，保持积极的心态。

❸ 寻求专业帮助

如果孩子的腋臭症状较重，家长应及时带孩子就医，在医生指导下选择合适的治疗方法。

❹ 培养良好习惯

家长要帮助孩子养成良好的生活习惯，包括保持个人卫生、合理饮食、规律作息等，这些习惯有助于减轻腋臭症状。

（谭飞）

第二章 重视青春期常见问题

长势喜人，健康愁人

青春故事

乐乐12岁，是一名七年级的学生。有段时间，他觉得疲惫，提不起精神，时常感到口渴，喝水次数和小便次数明显增多，还有两次在上学路上出现头晕的现象。乐乐的妈妈不放心，带他到医院检查。结果发现，乐乐的体重、体质指数（BMI）均超过正常值上限，血压、血糖、尿糖偏高。医生追问病史了解到：乐乐出生时体重4 150克，是个巨大儿，并且"好养"，5个月时就开始添加米粉、果泥等辅食；1岁时体检，体重、身长超过绝大多数同龄孩子，之后的生长速度也都比较快，"长势喜人"；乐乐的胃口好，吃饭速度快，但是不太喜欢运动，静坐的时间多，晚上睡觉时间较晚。根据病史和体检结果，乐乐被诊断为肥胖、高血压前期、糖尿病前期，这可把乐乐妈妈愁坏了。医生嘱咐乐乐调整饮食、加强运动、增加睡眠，并定期随访。经过半年的干预，乐乐的体重下降，血压和血糖得到了控制。

随着社会经济发展和生活方式的改变，儿童青少年的超重和肥胖率持续上升。调查显示，我国6岁以下儿童肥胖率为3.6%，6～17岁儿童青少年肥胖率为7.9%。儿童期肥胖如果没有得到及时、有效的干预，很容易发展至成人期肥胖。肥胖对人体心血管系统、内分泌系统、呼吸系统等都会产生不良影响，导致机体代谢紊乱，引起糖尿病、心脑血管疾病等多种并发症，严重威胁人群健康，增加医疗成本，给家庭造成养育照护问题和经济负担。

如何评估青春期超重、肥胖

首先，让我们来看看什么是肥胖。肥胖是由多种因素引起的能量摄入超过消耗，导致体内脂肪积聚过多、体重超过参考值范围的营养障碍性和慢性代谢性疾病。

在儿童期的不同年龄阶段，超重和肥胖的评估方法和标准不同。青春期可参考"学龄儿童青少年超重与肥胖筛查标准"，对照性别年

6～18岁学龄儿童青少年性别年龄别 BMI 筛查超重与肥胖界值

单位为千克/米²

年龄（岁）	男生		女生	
	超重	肥胖	超重	肥胖
6.0～	16.4	17.7	16.2	17.5
6.5～	16.7	18.1	16.5	18.0
7.0～	17.0	18.7	16.8	18.5
7.5～	17.4	19.2	17.2	19.0
8.0～	17.8	19.7	17.6	19.4
8.5～	18.1	20.3	18.1	19.9
9.0～	18.5	20.8	18.5	20.4
9.5～	18.9	21.4	19.0	21.0
10.0～	19.2	21.9	19.5	21.5
10.5～	19.6	22.5	20.0	22.1
11.0～	19.9	23.0	20.5	22.7
11.5～	20.3	23.6	21.1	23.3
12.0～	20.7	24.1	21.5	23.9
12.5～	21.0	24.7	21.9	24.5
13.0～	21.4	25.2	22.2	25.0
13.5～	21.9	25.7	22.6	25.6
14.0～	22.3	26.1	22.8	25.9
14.5～	22.6	26.4	23.0	26.3
15.0～	22.9	26.6	23.2	26.6
15.5～	23.1	26.9	23.4	26.9
16.0～	23.3	27.1	23.6	27.1
16.5～	23.5	27.4	23.7	27.4
17.0～	23.7	27.6	23.8	27.6
17.5～	23.8	27.8	23.9	27.8
18.0～	24.0	28.0	24.0	28.0

龄别BMI参考界值进行评估。

体质指数（BMI）与体脂相关，但相对不受身高的影响，计算方法为：BMI=体重（千克）/身高（米）^{2}。比如：12岁男生，BMI超重界值为20.7，肥胖界值为24.1。乐乐的体重为63千克，身高为153厘米，BMI为26.91，因此评估为肥胖。

儿童超重、肥胖的因素有哪些

儿童超重、肥胖由多种原因造成，主要影响因素包括以下几方面：

❶ 遗传因素

绝大多数肥胖是由先天遗传和后天环境共同作用所致。一般来说，肥胖发生年龄越小、程度越严重，遗传因素导致的可能性就越大。

❷ 环境因素

社会经济、文化、政策、习俗及家庭等造成了能量摄入增加和身体活动减少的"致肥胖环境"，包括食物选择、身体活动、父母不良饮食行为和生活习惯的影响等。

❸ 饮食和身体活动

生命早期营养因素（如母亲孕前、孕期体重和营养状况，出生后过度喂养，不健康的饮食结构和饮食行为），较少的身体活动，等等。

❹ 疾病因素

内分泌代谢性疾病、精神心理因素（如精神创伤、心理异常）等，可导致儿童过量进食、能量过剩。

此外，中医理论认为，儿童青少年先天体质弱、饮食不节制、缺乏运动,加上情绪调节能力不足,可使气血瘀滞,导致肥胖的发生。

如何预防和控制儿童肥胖

儿童超重和肥胖问题需要家庭、医疗卫生机构及全社会的重视。肥胖预防和治疗的重点是培养健康的生活方式,结合心理行为干预。肥胖不仅影响儿童青少年的运动能力、骨骼肌肉发育和认知发展,也会影响心理健康,增加自卑、抑郁、焦虑、多动等问题的发生风险。

预防儿童肥胖应当尽早开始。女性从准备怀孕时,就应该调整体重至正常范围。怀孕后,应使体重增长保持在适宜水平,以防胎儿体重增长过快,减少长成巨大儿的风险。宝宝出生后,应坚持母乳喂养,合理添加辅食,做到膳食平衡,保证适当的身体活动和充足的睡眠,并定期体检,及时发现生长偏离,及早干预。儿童青少年应坚持每天运动,保证每天至少60分钟以有氧运动为主的中高强度身体活动,如快走、骑车、球类运动等。同时,要规律作息,保证充足睡眠,做到早睡早起,限制久坐行为。

儿童青少年发生超重、肥胖后,治疗原则是减少能量摄入,增加能量消耗,使体内的脂肪减少,接近正常状态,同时又不影响身体健康和生长发育。主要措施及注意事项包括:控制食物摄入总量,每餐八分饱;增加新鲜蔬菜水果、全谷物和杂豆在膳食中的比重;保证蛋白质摄入量;减少高糖、高脂食物的摄入,如含糖饮料、甜点、油炸食品等;遵循"春夏养阳、秋冬养阴"的调养原则,夏季不可贪凉饮冷,以免损伤阳气;身体活动应循序渐进,从每天20分钟中高强度身体活动开始，逐渐增加到每天20～60分钟，养成长期运动的习惯。

需要特别提醒的是，家庭支持对有效控制儿童青少年肥胖至关重要。家长是孩子的照护者，对超重和肥胖的危害应有足够认识。在生活方式改善方面，父母自身应起到良好的模范和表率作用。

对儿童青少年单纯性肥胖，不宜进行药物和手术治疗。如果在经过规范的生活方式干预后，还不能控制体重增加或改善并发症，或有运动禁忌，可以在医生指导下尝试药物治疗。

（张晶）

第二章 重视青春期常见问题

美少女的毛发烦恼

青春故事

高一女生毛毛浓眉大眼,散发着青春活力。毛毛不是她的真名,而是同学们给她起的"昵称",因为她身上到处"毛茸茸"的,胳膊、小腿的汗毛又黑又长,后背上也长了一层密密的绒毛,甚至嘴唇周围都长起了"小胡子"。谈起这一身浓密的毛发,毛毛叹了口气:"我现在已经很少穿裙子和短袖衣服了,可是我连手指上的毛都比别人长,每当低头写字时看到自己的手毛,就会很沮丧。我尝试过刮毛,但是刮了之后很快又会长出来,长出的毛茬让人又痒又难受;我也尝试过用胶带粘,太疼了。听说过激光脱毛,但是爸妈不让我去尝试,让我把精力放在学习上。我现在就想快点长大,自己挣钱去医院做激光脱毛。"

认识人类的毛发

从出生起,我们的身体就遍布毛发。有的非常细小,颜色浅,不容易看到,叫作毳(cuì)毛,如面部、颈部、四肢皮肤上细软的汗毛。有的又粗又长,颜色较深,叫作粗毛或者终毛,如头发、眉毛、睫毛、鼻毛等。终毛的毛囊比毳毛大,位置更深。不同部位、不同形态的毛发有着不同的作用,如减少皮肤摩擦、加速汗液蒸发、抵抗细菌入侵等。

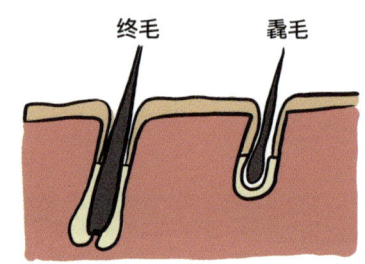

究竟是什么决定了我们的毛发是否浓密

❶ 遗传

基因决定了毛发的性状,包括浓密度、粗细、软硬、颜色和弯曲度等。比如:白种人通常比黄种人和黑种人的发量多,而黄种人的头发较粗,生长速度最快。毛发多的人回家观察一下父母,如果他们也属于"多毛一族",那你也算是"毛出有因"了。另外,还有些基因是通过改变毛囊对雄激素的敏感性来改变毛发生长情况的。

❷ 内分泌

人体的多种激素参与毛发生长过程:甲状腺激素负责维持毛发的生长期,雌激素能促进头发角蛋白的生成,雄激素则决定了毛发的生长速度和数量。多数情况下,给女孩们带来毛发烦恼的"罪魁祸首",就是雄激素!

雄激素跟女孩子没有关系?错!雄激素并非只出现在男性体内,

第二章 重视青春期常见问题

女性体内也会合成少量雄激素,虽然含量不多,但也是至关重要的。青春期的孩子,不管是男孩还是女孩,雄激素都会升高。在雄激素作用下,毛囊受到刺激,毳毛变为终毛,腋毛、阴毛萌发,男孩长出胡须,女孩也会出现毛发增多的现象。这些都是青春期发育的第二性征。其实,这一时期常见的青春痘也与雄激素有关。多数人的雄激素水平会在18岁之后逐渐稳定,多毛、青春痘等现象也会随之减轻,不用太过担心。

毛发过多其实不等于多毛症。多毛症指女性在一些特定部位出现浓黑毛发,如两鬓、口周、前胸、肩部、下腹部、背部、大腿内侧,且常常伴有相关症状,如声音低沉、月经紊乱等,多由雄激素水平升高引起,常见疾病有多囊卵巢综合征、库欣综合征等。

毛发多,怎么办

不同原因、不同类型的多毛,应对方法不同。比如:对多囊卵巢综合征导致的多毛,主要治疗措施是调整生活方式,合理饮食、加强运动、控制体重等,必要时配合药物治疗。如果排除了疾病原因,那么我们要解决的就只有美观问题和毛毛带来的坏心情了。

不管是哪个部位的毛发,都不宜随意乱拔。无论是用胶带粘、用镊子拔还是用蜜蜡脱毛,都可能给皮肤带来伤害,引起毛囊炎,特别是在皮脂分泌旺盛的青少年时期,更容易引发炎症。其他暂时性脱毛方法,比如:用刮毛刀刮剃,虽然经济、方便,但一定要小心操作,否则很容易刮破皮肤,有感染风险;脱毛膏是化学物质,通过破坏毛发组织短暂抑制毛发生长,对皮肤敏感的青少年来说也不适宜。激光脱毛的原理是利用激光穿透皮肤表层,破坏毛囊结构,让毛发不再生长，是一种一劳永逸的脱毛方式。

　　青少年的皮肤和激素水平还处于不稳定状态，不宜过早进行脱毛操作。不妨换个角度宽慰自己，尝试接纳它们吧！每一根细软的毛发，都是千辛万苦长出来的，它们不仅没有影响我们的身体健康，还在努力保护我们的皮肤，更重要的是，它们是我们感受风的触角呀！

　　如果发现孩子毛发多，家长要跟孩子一起评估，必要时就医，以免贻误病情。同时，家长要注重孩子的感受。青春期的孩子会更加注重自己的外表，注重别人对自己的评价，体毛多会让孩子感到焦虑，尤其是女孩子。如果宽慰并不能缓解孩子对毛发问题的顾虑，家长不妨和孩子一起尝试不同的脱毛方法，在健康和爱美之间寻找一个平衡。

（杨旭涵）

第二章 重视青春期常见问题

脸上的"小疙瘩"

青春故事

冰冰今年15岁，最近苦恼不已。原本光滑细腻的脸上，不知何时冒出了一个个红色的小疙瘩，有的还带有脓头，让她感觉在同学面前抬不起头来。冰冰的妈妈注意到了女儿的变化，决定带她去医院寻求医生的帮助。经过仔细检查和询问，医生告诉冰冰和她妈妈，冰冰所患的是典型的痤疮。

青春健康案例汇编：发现青春

青春期男孩女孩由于体内激素水平的变化，皮脂分泌旺盛，容易造成毛囊堵塞，进而引发"痤疮"。痤疮虽然常见，但如果不加以治疗和护理，可能会留下瘢痕和色素沉着，影响皮肤美观。

哪些因素导致痤疮

痤疮的病因比较复杂，主要包括以下几个方面：

❶ 激素水平变化

青春期，青少年体内激素水平发生变化，特别是雄激素分泌增加，会刺激皮脂腺分泌更多的油脂。

❷ 毛囊堵塞

过多的油脂与角质细胞混合后，容易堵塞毛囊口，形成丘疹。

❸ 细菌感染

毛囊内的细菌（如痤疮丙酸杆菌）在油脂丰富的环境下过度繁殖，引发炎症。

痤疮有哪些症状

痤疮的症状多种多样，主要包括以下几种类型：

❶ 粉刺

是痤疮的初级表现，表现为皮肤上微小的小凸起，可以是开放的"黑头粉刺"，也可以是封闭的"白头粉刺"。

❷ 丘疹

表现为红色的小疙瘩，通常伴有疼痛。

❸ 脓疱

在丘疹的基础上进一步发展，形成带有脓液的疱疹。

❹ 结节和囊肿

这是更为严重的痤疮类型，表现为皮肤下的大块硬结或囊肿，可伴有肿胀。

痤疮怎么治疗和预防

治疗痤疮需要综合考虑多种方法，包括药物治疗、物理治疗及生活方式调整等。

❶ 药物治疗

外用药物主要包括抗菌药、角质溶解剂等，可以控制炎症，减少皮脂分泌，清除毛囊堵塞。口服药物则主要用于调节体内激素水平，减少皮脂分泌。需要注意的是，由于不少药物有副作用，药物治疗应在医生指导下进行，避免自行用药。

❷ 物理治疗

如激光治疗、光动力治疗等，这些物理疗法可以有效杀灭细菌，减少皮脂分泌，并改善皮肤质量。

❸ 生活方式调整

保持良好的作息习惯，饮食均衡，避免过度劳累和压力过大，都有助于改善痤疮症状。同时，要注意保持面部清洁，避免用手挤压痤疮，以免加重炎症，留下瘢痕和色素沉着。

预防痤疮，要注意四个问题。一是选择温和、无刺激的护肤品，避免使用过于油腻或刺激性的化妆品和护肤品，以保持皮肤水油平衡。二是平衡膳食，减少高糖、高脂、辛辣食物的摄入，多吃新鲜蔬果和富含纤维的食物，以助改善皮肤状况。三是保持心情愉快，避免过度焦虑和压力过大。四是不要熬夜。

给家长的建议

孩子长痤疮，家长可以从以下几个方面给予支持和帮助：

❶ 及时就医

发现孩子出现痤疮等皮肤问题，家长应及时带孩子就医，寻求医生的帮助。避免自行购买药物使用，以免加重症状或带来不必要的风险。

❷ 关注心理

痤疮可能会对孩子的心理造成一定影响，导致自卑、焦虑等情绪问题。家长应关注孩子的心理变化，给予足够的关心和支持，帮助他们树立自信，积极面对问题。

❸ 正确护肤

引导孩子了解正确的护肤知识，选择适合自己的护肤产品，避免盲目跟风或滥用化妆品。同时，教导孩子保持面部清洁，避免用手挤压痤疮，以免加重炎症和留下瘢痕。

❹ 清洁环境

保持家庭环境清洁卫生，减少孩子接触过多的灰尘和细菌。

❺ 合理饮食与运动

督促孩子保持健康的饮食习惯，多摄入新鲜蔬果和富含纤维的食物，少吃高糖、高脂食物。适当运动可以促进新陈代谢，对改善皮肤质量也有积极作用。

❻ 良好睡眠

督促孩子早睡早起、不熬夜，充足的睡眠和休息有助于改善皮肤状况。

❼ 舒缓心情

帮助孩子在紧张的状态下（比如考试之前）舒缓焦虑情绪。

总之,痤疮是一个常见的皮肤问题,并不可怕。通过正确的治疗和护理,大多数痤疮都可以得到有效控制。家长应给予孩子足够的关心和支持,帮助他们拥有健康美丽的肌肤。

(谭飞)

痒痒痒、抓抓抓，当心湿疹

青春故事

小韩是一个阳光活泼的16岁男孩，然而，最近他却因为皮肤问题而倍感困扰。他的腿部出现了一片片红色的斑块，伴随着难以忍受的瘙痒。尤其在夜晚，瘙痒感加剧，使得他难以入睡。小韩的妈妈注意到他的情况后，立即带他去了医院。经过医生的仔细检查，小韩被诊断为湿疹。医生解释说，湿疹是一种常见的皮肤病，可能与青少年的生理变化、环境因素、饮食习惯等多种因素有关。医生为小韩开了一些药膏和抗过敏药物，并详细交代了日常护理的注意事项。在医生和家长的共同努力下，小韩的湿疹症状逐渐得到缓解，他也重新找回了往日的笑容。

湿疹是由多种内外因素引起的真皮浅层及表皮炎症,具有多形性、对称性、瘙痒和易反复发作等特点。湿疹的成因较为复杂,通常与遗传、过敏、内分泌失调、理化因素、慢性感染及精神因素等有关。在青少年时期,由于身体处于生长发育阶段,内分泌变化较大,加上学习压力大、生活节奏快等因素,容易引发湿疹。

湿疹有哪些症状

湿疹分为急性、亚急性和慢性,皮疹类型有所不同。皮损一般包括红斑、丘疹、丘疱疹、水疱、渗出、糜烂、结痂等,可出现在身体的任何部位,但通常呈对称性分布。患者会感到剧烈瘙痒,尤其在夜间或温度升高时,瘙痒感可能加剧。

湿疹怎么治疗和预防

湿疹的治疗措施主要包括抗过敏、抗炎、止痒等几个方面。医生会根据患者的具体情况开具相应的药物,如抗组胺药等。如果患者症状比较严重,影响正常学习和生活,医生可能会开具外用的糖皮质激素等药物。对于激素,家长和青少年要有正确认识,做到"规范用,不滥用",而不是一味拒绝。同时,患者还需要注意日常护理,包括保持皮肤清洁、避免刺激、清淡饮食等。

预防湿疹,主要从以下几方面着手。一是保持皮肤清洁,选择温和的洗浴用品,避免过度清洁和用力搓洗。二是保持室内环境清洁,避免尘螨、花粉等过敏原的刺激。三是注意饮食调节,避免食用可能引起过敏的食物,如海鲜、芒果等。四是保持良好的心态,避免过度紧张和焦虑，学会释放压力。

给家长的建议

青少年患湿疹，家长可以从以下几个方面进行关注和引导：

❶ 及时就医

发现孩子出现湿疹症状时，家长应及时带孩子就医，遵医嘱治疗，避免自行购买和使用药物，以免加重病情或造成不必要的副作用。

❷ 加强护理

家长可以帮助孩子加强日常皮肤护理，比如：保持皮肤清洁，选择合适的衣物和床上用品，避免过度摩擦，等等。同时，也要注意调节孩子的饮食和生活习惯，减少湿疹的诱发因素。

❸ 关注心理

湿疹会导致瘙痒和不适，影响孩子的心情和自信心。家长应关注孩子的心理状态，鼓励他们积极面对问题，保持乐观的心态，可以通过陪伴、沟通、安慰等方式来减轻孩子的心理负担。

❹ 注意预防

家长应增强预防湿疹的意识，了解湿疹的成因和预防措施，通过改善生活环境、调整饮食结构、加强体育锻炼等方式来提高孩子的身体素质和免疫力，减少湿疹的发生。

（谭飞）

第三章

青春期性与生殖健康

青春期

青春健康案例汇编：发现青春

科学看待自慰，坦然面对冲动

青春故事

"我下班回家发现，扫地机器人没有归位，被卡在了我15岁儿子的床底下，被一堆用过的纸巾包围了。之后几天晚上，我悄悄留意儿子的动静，发现他在自慰……我特别担心他因此影响学习和健康，应该怎么与他沟通这个问题？"在青春健康"沟通之道"家长培训中，一位妈妈焦急地向主持人提问。

青春期自慰很正常

"自慰"，俗称手淫，是指用手或借助其他物体刺激自己的生殖器官，从而获得性快感的一种行为。人类的自慰现象广泛存在，各个年龄段的男女都可以有自慰行为，婴幼儿、儿童时期出现的自慰行为，大多起源于无意识地偶尔玩弄生殖器，或者穿紧身裤、进行骑跨活动时生殖器受到摩擦刺激引起的快感，一般并没有性高潮。到了青春期后，生理变化及其引起的性冲动和性欲，使青少年对性满怀憧憬、好奇和幻想。自慰是性能量释放的正常形式，是一种正常的生理现象,这种行为在男孩中更普遍。无论男生还是女生,无论有没有自慰行为,都是正常的。

关于自慰,需要澄清3个误解

误解1

自慰是可耻行为。

分析:自慰绝对不是一种可耻的行为。对于青少年来说,适度使用自慰的方式来调节性欲,降低性紧张度,是一种正常、合理、安全的性行为方式。它不会使人情绪波动,不会使人怀孕或染上性病,更不会导致性攻击甚至性犯罪的发生,在一定意义上还避免了因性问题引起的道德和社会问题,可促进性秩序稳定及社会安定。

误解2

自慰有害健康。

分析:适度自慰对身体无害,它是一种了解自己身体的方式。关于自慰有害的种种说法,如自慰伤身耗神、儿童青少年自慰会导致今后不孕不育、自慰会使人对异性失去兴趣等,都是缺乏科学依据的。"性行为是不好的、违背道德的、羞耻的"等错误性观念,会导致孩子成年后有心理阴影,对性产生错误认识。

误解3

自慰是绝对安全的。

分析:自慰无害,并不意味着可以无节制,甚至成瘾。自慰时要注意三个问题:个人卫生、隐私及安全、适度。关于自慰,著名医学家吴阶平的观点是:不以好奇去开始,不以发生而懊恼,已成为习惯要有克服的决心,克服之后就不再担心,这样便不会有任何不良后果。

父母应坦然与孩子聊"自慰"

性与生殖健康是生命教育中不可缺失的内容。父母是孩子性教育的第一任老师,应选择恰当的时机和私密的空间,坦然地与孩子聊关于自慰的话题,消除孩子的紧张情绪,将知识教育与责任教育相结合,传递"性是自然、健康、美好、负责任的"这一观念。

此外,父母要注重引导孩子培养广泛的兴趣爱好,如绘画、演奏乐器、体育锻炼等,通过丰富多彩的业余生活巧妙地转移孩子的注意力,避免孩子接触不良信息。日常生活中,父母还要督促孩子养成良好的卫生习惯,勤换洗内裤,勤洗澡,尽量不穿过于紧身的衣裤。

(郭芸繁)

第三章 青春期性与生殖健康

自慰正常,过度有害

青春故事

高三学生小王从高一开始有自慰行为,进入高三后,由于学习压力大,自觉无法缓解紧张、焦虑情绪,自慰次数越来越多,结果出现了失眠、疲乏等情况,导致上课注意力不集中,成绩下降,反过来更增加了心理压力和自慰行为。他还看到网上有很多诸如"手淫会导致阳痿、早泄、不育等"的信息,担心自己将来出问题。经过咨询和专业指导,小王对自慰有了科学认识,并通过增加运动等方式转移注意力,自慰次数越来越少,身体和心理状况都得到了改善,学习重新步入正轨。

进入青春期后,一系列生理变化导致性能量蓄积,带来了性压力。自慰可以宣泄性能量,获得性兴奋和性快感,是青少年性发育后的一种普遍生理反应,一般男性多于女性。

自慰被认为是性行为的初始方式,其合理之处在于把性冲动集中在生殖器上,这对于性冲动异常强烈的青少年来说,能使性冲动得以顺利地宣泄,而不牵扯别人。自慰还是青少年逐渐了解自己身体和情感的一种方式。因此,只要不过于频繁,自慰是有利于青少年身心健康发展的正常行为。

给青少年的建议

自慰在青少年中是一种正常、普遍的生理现象,它并不是可耻的,也不是一种病。因此,青少年发生自慰行为后,不要有太大的心理压力。

健康的自慰,应该遵循私密、适度、卫生、安全的原则。舒适、私密、安全的空间环境可以尽量避免因紧张、焦虑或顾虑而留下心理阴影。一般来说,自慰的频率取决于个人性欲望的强烈程度,未引起生理不适或心理依赖的自慰频率,属于适度,但要避免使用不适当、易引起生殖器伤害的自慰方法。无节制的自慰会给青少年带来较大的心理负担,继而可能会影响青少年的学习和健康,甚至会影响婚后的性生活。

青少年应学习科学的性生理知识和卫生知识,把更多精力放在学习、运动和与社会交往上,开阔自己的视野,拓展兴趣爱好,转移对自慰行为的注意力。

给家长的建议

长期以来,人们对青少年的自慰行为谈虎色变。绝大多数成年人认为自慰会对孩子造成身体和心理伤害,甚至用不道德来评判孩子的自慰行为，部分家长会通过处罚或恐吓的方式制止。这无疑会给孩子带来恐惧感、耻辱感、羞愧感、挫败感和罪恶感，非但不能减少青少年的自慰行为，反而会引起不必要的恐慌和焦虑，甚至导致自卑、敏感和孤僻的性格。

青春期的孩子会面临多方面的压力，如学业、同伴关系、师生关系、家庭关系、亲子关系、性等。当心智尚未发育成熟的孩子面对如此多压力时，他们可能无法应对。而自慰可以给青少年带来原始的快感，有助于减轻孤独感，以及被排斥、被歧视的感觉，但也可能使青少年沉溺于自慰行为。

当家长发现孩子有自慰行为时，不宜直接点破，而是要想办法转移孩子的注意力。比如：培养孩子的兴趣爱好，帮助孩子养成良好的生活习惯，合理安排学习、运动和生活。家长要和孩子进行感情上的交流，给孩子一定的关心和陪伴，提供轻松愉快的家庭环境，让孩子感觉到温暖和关爱。只要情感上得到满足，就能减轻内心的孤独和紧张，从而减少自慰行为。

总之，家长也要学习性知识，才能科学、平等、自然地与孩子交流这个话题，引导孩子接纳自己的性唤起和性感受，帮助孩子建立性活动的隐私界限。

（武俊青　李玉艳）

青春健康案例汇编：发现青春

与孩子聊聊避孕

青春故事

在青春健康"沟通之道"家长培训课堂上，对"该不该跟孩子谈论避孕"这一问题，超过85%的家长持肯定态度。但是，该怎样跟孩子谈论避孕的话题呢？大多数家长表示，"说不出口""不知道怎么说""缺少专业知识"……

坦然与孩子聊避孕

家长应根据孩子的年龄和接受程度，抓住教育时机，决定何时讲、讲什么、怎么讲，持科学、自然的态度，不回避、不敷衍、不斥责。面对低龄儿童的发问，家长可借助绘本、卡通视频等，只需解惑即可；与较大的孩子沟通避孕话题时，可以利用一些新闻、案例等展开讨论，家长应多听少说，更多地了解孩子对相关知识的认知和想法，从而帮助和引导孩子推迟第一次性行为，避免意外怀孕，健康度过青春期。

在传授知识的同时，家长还要注意融入价值观和责任感教育，培养孩子学会独立做出健康、安全、负责任的决定和行为。家长应

第三章 青春期性与生殖健康

该告诉孩子：不管在任何时候，遇到什么问题，父母都会陪他（她）一起面对并解决问题。家长要注意言行，千万不要让孩子以为发生意外怀孕等问题后会受到责骂。否则，孩子遇到相关问题后会刻意隐瞒，被迫自行去私人诊所，或因盲目等待而延误时机，导致身心受到更大的伤害。

避孕知识知多少

在与孩子谈论避孕前，家长应学习相关知识。比如：什么是避孕，常用的避孕方法有哪些，哪些方法适合青年人，等等。

所谓避孕，就是用科学的方法来阻止和破坏正常受孕过程的某些环节，以避免怀孕。目前，常用的避孕方法有口服避孕药、安全套、皮下埋植避孕剂、宫内节育器、杀精剂等，它们的机制、效果、利弊有所不同。

安全套能阻断精液进入阴道，坚持正确使用，有效率可达98%。其优点是经济、方便、便于携带，既能有效避孕，又能预防艾滋病和某些性病，是青年人的首选避孕方法。

口服避孕药的主要作用是抑制排卵，按说明书正确服用，有效率可达99%以上。其属于非处方药，购买方便，缺点是可能会漏服，或因患有其他疾病而不宜服用。

皮下埋植避孕剂和宫内节育器均属于长效可逆避孕方法，有效率为99%以上。其优点是安全、长效、可逆，缺点是必须由医务人员注射或放置，以及需要定期随访。

对于有需要的青年人而言，使用哪一种避孕方法，应该尊重他们的选择。

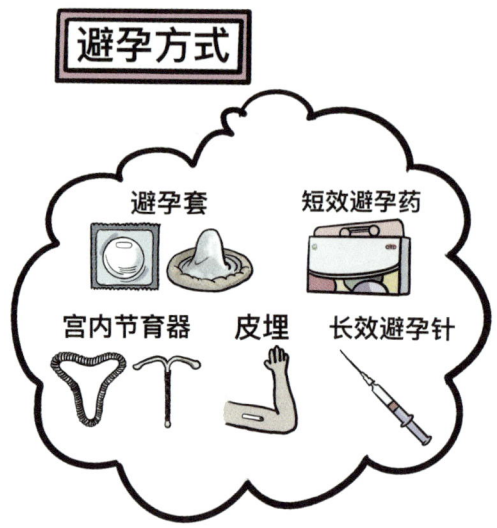

这些关于避孕的问题，家长也要了解

体外排精、事后冲洗阴道的方法靠谱吗？

不靠谱。男性在射精前，分泌物中可能混有少量精子进入女方阴道，故体外排精不可靠；精液进入女方阴道和子宫腔内，怀孕的概率较大，事后冲洗阴道不能起到避孕作用。

安全期避孕安全吗？

所谓安全期避孕，又称自然避孕法，建立在月经周期、排卵期规律的基础上。事实上，对于青少年而言，月经周期极易受情绪、生活和学习环境等多种因素影响，排卵期多不稳定，故安全期避孕并不安全。

第三章 青春期性与生殖健康

服用紧急避孕药是常规避孕方法吗?

紧急避孕是指在无防护性行为或避孕失败后的一段时间内,为防止怀孕而采用的补救措施。紧急避孕药激素含量较高,会干扰卵巢的正常工作,扰乱月经周期,所以不宜经常使用,更不能作为常规避孕方法。

避孕只是女方的事情吗?

青少年意外怀孕,对男女双方都有伤害。无论男性还是女性,只要不想怀孕(或让对方怀孕),都有提出采取避孕措施的义务和责任。

(盛叶华)

青春健康案例汇编：发现青春

青少年，该如何对性负责

青春故事

前不久，有位女士来到我的门诊，想为读高三的女儿开点黄体酮调经。我问道："小姑娘有没有男朋友？有没有过亲密行为？"她迟疑了一下，摇了摇头。我请她带女儿一起来就诊，因为诊治月经紊乱，需要先排除怀孕。她拒绝了，认为女儿不可能怀孕。半个月后，迟迟不来月经的女孩终于在母亲陪同下来就诊，B超检查显示，女孩的子宫内已经有了孕囊。

青少年意外怀孕，伤害巨大

询问性生活史，是妇科疾病诊治中的一个必要环节。到妇科就诊的青少年女性，多为月经紊乱，偶尔也有妇科炎症。患者有无性生活史，会影响检查方式和医生对病情的判断。实际上，由于初次性行为发生年龄提前，青少年女性出现月经紊乱，需要考虑怀孕的可能性。有调查显示，我国24岁以下未婚青少年女性人工流产数占人工流产总数的40%以上，其中19%有多次人工流产经历。

意外怀孕的伤害是巨大的。青少年意外怀孕后,一方面在情绪上会陷入深深的自责,可能会对今后的两性正常交往产生消极影响;另一方面,人工流产可能导致术中出血、感染、子宫穿孔、宫颈裂伤等近期并发症,以及月经异常、宫腔粘连、慢性盆腔炎、子宫内膜异位症、不孕等远期并发症,影响健康。

性教育,需要家庭和学校共同参与

青少年过早发生性行为、意外怀孕的背后,是性教育、性知识的缺乏。80%的青少年流产者不使用或使用低效避孕方法(如安全期避孕法、服用紧急避孕药等),40%的青少年流产者不了解人工流产的危害,甚至把它当成一种避孕方式。给孩子适时、科学的性教育,使青少年了解生理健康知识,避免过早性行为,知晓科学避孕方法,提高防范性侵害、性骚扰的自我保护意识和能力,进而维护身心健康,是家庭和学校共同的责任。

对青少年开展性教育,家长和学校应传递如下核心信息,青少年自身也应加强学习:

❶ 延迟首次性行为的时间,让自己生理、心理成熟一些再开始体验。

❷ 要有责任心,对自己和他人负责。遇到困惑、疑问,应向值得信赖的父母、老师、专业人士等咨询,或查阅图书、权威资料等,获取正确的信息。

❸ 拒绝无保护性生活,学习科学的避孕方法和预防性传播疾病的方法,避免意外怀孕。

❹ 发现意外怀孕后,一定要到正规医院做人工流产,以保障安

全、减少并发症。术后，应落实安全可靠的避孕措施，避免再次意外怀孕和反复流产。

（王玉楣）

第三章 青春期性与生殖健康

女孩怀孕,不可回避的话题

青春故事

林林是一名高中生,月经一直不规律,有时两三个月才来一次,这次已经快一学期没来月经了。她平常住校,放寒假后,妈妈发现她胖了,腹部还微微隆起,赶紧带她去医院检查。不查不知道,一查可把母女俩吓坏了,林林竟然已经怀孕五个月!

中学生怎么可能怀孕呢?当然可能。

19岁及以下女性怀孕被称为少女妊娠。在全球范围内,少女妊娠占所有妊娠分娩的比例高达11%;在未婚妊娠的青少年女性中,90.9%有过人工流产史,其中19%有过多次流产史。少女妊娠容易造成不安全流产、辍学、被欺凌等现象;若继续妊娠至分娩,容易出现孕产期并发症,且新生儿死亡率高。由于缺乏相关知识,一些青少年女性怀孕几个月后才知道自己怀孕了。避孕意外怀孕、识别早孕,对青少年女性及其家长来说,都是必备常识。

掌握早孕知识，发现怀孕迹象

掌握怀孕的基本常识，有助于女孩和家长及时判断是否有可能怀孕。可从两个方面识别早孕：

① 停经

对月经周期规律、有性生活的健康女性来说，停经是怀孕最早、最重要的信号。停经超过 7 天，尤其是超过 10 天以上，应高度怀疑妊娠。需要注意的是，部分月经不规律，两三个月甚至半年才来一次月经的女性，只要有性生活史，也有可能怀孕。

② 早孕反应

多数早孕反应出现在怀孕 6 周左右，包括头晕、乏力、食欲不振、喜酸食物、厌食油腻、恶心、晨起呕吐等。有些孕妇由于体内激素变化会出现乳房胀痛，当子宫增大后压迫膀胱时会出现尿频，不过这些症状因人而异。

及时诊断，去正规医院做人工流产

青少年女性发现停经、早孕症状后，可用早孕试纸自测，或去医院就诊，进行血液检测、妇科超声等检查。若发现怀孕，应及时干预，减轻身心伤害。

大部分青少年还处于求学阶段，尚不具备结婚、生育的条件，一旦发生非意愿妊娠，家长会考虑到社会影响、经济条件和传统习俗等因素，多以人工终止妊娠为结局。作为家长，在孩子发生意外妊娠时，应给予关爱和支持，不能一味指责、批评，导致孩子背负更大的心理负担。

青少年女性发现自己怀孕，要及时告诉家人，并去正规医院的计划生育门诊接受人工流产手术，不要私自到"小诊所"处理，以免引起严重并发症。手术可以选择无痛的方式，人工流产后要按医嘱做好预防保健，避免再次怀孕和重复人工流产对身心造成更大的危害。

教育和预防，避免意外妊娠

避免青少年意外妊娠，需要社会、家长和青少年的共同努力。社会、学校和家长应普及青春期性知识：教育青少年学会保护自己，不过早发生性行为；认识"青少年怀孕"的危害，避免意外怀孕；在性行为不可避免时，选择有效的避孕方法；等等。

（田丽园　张斌）

青春健康案例汇编：发现青春

少女怀孕在增加

青春故事

大二女生安迪和男友在社团活动中一见钟情。热恋中的他们时常在校外"开房"，因男友不喜欢戴避孕套，故经常采取"安全期"和"体外排精"的方式避孕。今年情人节后不久，安迪月经迟迟不来，有恶心等不适，结果发现怀孕了，在忐忑不安中做了无痛人流手术。2个月后，两人又开始同房，男友为了避免安迪再次怀孕，就准备了避孕套，但是只在射精前戴上。1个多月后，安迪又怀孕了，在懊恼中做了第二次人流手术。

青少年意外怀孕危害大

相关数据显示,少女妊娠所导致的死亡和疾病负担,在发展中国家居青少年死亡原因和疾病负担首位;中国的少女妊娠率为3%,并有逐年递增趋势。欧盟一项调查发现:青少年已成为人工流产的主要人群之一,占所有流产人数的28.5%;在这些青少年中,发生2次以上人流者占28.9%。对避孕方法不了解、没有避孕意识是造成青少年意外妊娠的主要原因。相较于20~35岁的女性,少女怀孕给母婴带来的风险更高。青少年生殖器官处于发育期,意外怀孕后,人工流产的并发症较多,未来发生不孕不育的风险高;如果继续怀孕和分娩,孕产期并发症的发生风险增加,会影响下一代的健康。同时,由于目前社会对未婚先孕的接受度不高,青少年意外怀孕后会面对他人的歧视,因怀孕而产生的自责、自我评价降低也会影响自身心理健康和学业。

预防青少年意外怀孕,是"系统工程"

首先,要加强青少年性健康教育。不管是家庭、学校,还是卫生机构,都应向青少年普及性生殖健康知识、少女妊娠和人工流产的危害,以及避孕知识。同时,要对青少年进行正确人生观和价值观的引导,培养青少年对性问题做出决策和减少风险的能力,让青少年做"自己健康的第一责任人"。

其次,医疗机构要提供"青少年友好服务"。世界卫生组织对"青少年友好服务"的定义为:对青少年提供平等、可及、可接受、适宜和有效的服务,同时注意尊重隐私和保密。医疗机构的青少年友好服务门诊或流产后关爱门诊,应该为青少年推荐安全、效果可靠、易于使用、价格可接受的避孕方式，如长效可逆避孕措施（LARC）等高效避孕方法。

LARC包括宫内节育器、皮下埋植避孕和长效避孕针，其避孕有效率超过99%，一次操作长期有效，副作用少，续用率高，不受性生活及使用者积极性和依从性的影响，且停止使用后即可恢复生育，可用于青少年。短效复方口服避孕药尤其适用于有痛经和排卵功能障碍相关异常子宫出血的青少年，但需要良好的依从性。其他短效避孕方法，如复方避孕针、阴道环和避孕贴剂，也需要较好的依从性。避孕套虽副作用少、容易获得，但失败率高，青少年使用的失败率更高。其他避孕方法如体外排精、安全期避孕，失败率均较高。

（杜莉）

第三章 青春期性与生殖健康

三道"防火墙",应对青少年意外怀孕

青春故事

一天,门诊室进来两个稚气未脱的少男少女,穿着校服。我让女孩坐下,问她:"今天来看什么问题啊?"女孩低头不语,男孩嗫嚅道:"她验小便怀孕了,我们要做药流。"我问女孩:"你父母来了没有?"女孩摇头。我告诉她:"你没有满18岁,必须要监护人签字同意才能做手术,回家让爸爸妈妈陪你来,好吗?"女孩突然激动起来:"我不能告诉我爸妈!"说罢就哭了起来。男孩不耐烦地说:"我们不要做手术,要做药流!"

我耐心回答他们:"第一,药物流产也是手术。第二,能不能做药流,需要先做超声检查看孕囊大小,孕49天内可以考虑做药流。我先帮你开检查单,看看孕囊大小、位置,排除宫外孕,然后再谈后续怎么处理,好吗?"过了一会儿,女孩做完超声检查回来了:孕囊在子宫内,但已有55天,不适合做药流。在我反复劝说下,女孩同意回家告诉妈妈。

令人欣慰的是,当天下午,女孩的妈妈陪着女

青春健康案例汇编：发现青春

孩来到诊室。她焦急地询问："医生，手术可以尽快安排吗？真的不能做药流吗？会影响以后怀孕生育吗？""如果术前检查没问题，会尽快安排的。孕周大了，药流容易导致残留或出血多，有二次手术的风险。孩子年龄较小，子宫发育不够完善，后续还要看恢复情况。"

女孩去做检查了，女孩妈妈黯然泪下。我安慰道："孩子肯把事情告诉你，说明她信任你，对不对？况且她停经后及时发现了怀孕，虽然不能做药流，但是可以选择无痛手术。"女孩妈妈默默点了点头。

第二天，手术很顺利，麻醉清醒后，女孩就回家休养了。

这个女孩还是比较幸运的。有的孩子不知道自己怀孕，或者惧怕家长知道，一直拖到需要引产甚至生产才来医院；也有的孩子悄悄去不正规机构做人工流产，造成了严重后遗症。事实上，没有无伤害的人工流产。无论是药物流产还是手术流产，都有短期并发症和长期并发症。对青少年尤其未成年人来说，性器官还未发育完善，人工流产的伤害更甚，可导致感染和子宫损伤，影响今后的月经和生育。此外，青少年心理调节能力相对薄弱，意外怀孕和人工流产等所致的心理创伤可能会引发焦虑、抑郁等情绪问题。

为预防和应对未成年人意外怀孕，呵护身心健康，要建立三道

"防火墙"。

第一道"防火墙"是避免发生性关系。家长和学校应适时做好性教育、生命教育,让青少年认识到,"性交"是成年人在确定人生伴侣关系后才能有的一种行为,除"性交"外,还有其他释放性压力的方式。

第二道"防火墙"是避孕和紧急避孕。万一发生了性关系,应做好避孕与紧急避孕措施,避免意外怀孕。

第三道"防火墙"是在 3 个月内终止妊娠,尽可能降低意外妊娠的伤害。

在这里,我想对男孩说:爱是克制,爱她就请呵护她的身体。我想对女孩说:任何时候都不要抱有侥幸心理,请珍惜自己的身心健康,关爱自己的子宫,也关爱自己未来孩子的第一个家园。

(杨思勤)

青春健康案例汇编：发现青春

放纵的青春，结出性的苦果

青春故事

门诊已接近尾声，徘徊许久的大三女生小雪终于鼓足勇气踏进了诊室："医生，我发现外阴长了一些红色乳头状的突起，刚开始是淡红色疹子，后来逐渐变大、增多。"

医生问道："你有男朋友吗？是否发生过性行为？"

小雪回答："嗯，有的，他比我高一级，我们在校外租房同居一年多了。"

"你就这一个男朋友吗？"

小雪犹豫了一会儿，吞吞吐吐地说出了心中的疑惑。最近两个月，她发现男朋友经常背着自己打电话，总以做实验为由很晚才回来，便悄悄看了他的手机，结果发现了他和其他女性的暧昧信息……

检查发现，小雪患了尖锐湿疣。

青少年性病发生率在上升

性传播疾病（简称性病）是指以性行为为主要传播途径的传染

病。我国目前重点防治的性病包括梅毒、淋病、生殖道沙眼衣原体感染、尖锐湿疣、生殖器疱疹及艾滋病。近年来，年轻人对"婚前性行为"和"偶遇性行为"的接受度不断提高，一些人的性行为变得越来越轻率，性伴侣数量多、不使用安全套等高危性行为，都会增加性病的传播风险。有调查发现，大学生等青少年群体的性病发生率呈上升趋势。

性病危害不仅在眼前

大多数性病在急性期会给患者带来许多痛苦，有的还会造成后果严重的远期损害。淋病除引起尿道炎症外，还会损伤输精管，导致男性不育；对女性来说，则可能破坏输卵管和子宫内膜，造成不孕症或宫外孕，还会祸及下一代，引起新生儿淋球菌性眼结膜角膜炎，导致失明。女性梅毒患者怀孕时，梅毒的病原体（梅毒螺旋体）会通过胎盘感染胎儿，使下一代患先天性梅毒，导致发育不良、骨膜炎、耳聋及神经系统疾病。尖锐湿疣是由HPV（人乳头瘤病毒）6、11型引起的。有些患者往往同时感染了多种型别HPV，而16、18型等高危型HPV长期感染可导致宫颈癌等生殖器官肿瘤。感染艾滋病病毒后，机体免疫力会大幅下降，使感染性疾病和恶性肿瘤的发生率大大增加。

远离性病"ABC"

相关专家在总结性病、艾滋病预防经验的基础上，提出了预防性病的"ABC"原则。

A （Abstinence）：禁欲

如果不进行性活动，感染性病、艾滋病的危险就会大大降低。如果做不到禁欲，可退一步，做到"节制"。尤其是青少年，一定要避免过早发生性行为。

B （Be faithful）：忠诚

不能禁欲的人，要做到一夫一妻制或固定性伴侣。性伴侣数量越多，感染性病的风险就越高。

C （Condom）：安全套

如果无法做到 A、B 这两点，那么坚持和正确使用安全套可以降低感染性病、艾滋病的风险。需要强调的是，安全套并不能百分之百保证安全，在安全套没有遮盖的部位，如果有皮肤破损，仍然可能导致性病传播；安全套的使用方法不当或者质量不佳，也会影响预防性病的效果。

（许洁霜）

第三章 青春期性与生殖健康

认识淋病，远离淋病

青春故事

汤汤今年18岁，刚上大一。他性格开朗，喜欢交朋友，然而最近却陷入了烦恼之中。原来，在一次与朋友聚会时，由于酒后冲动，他与一名陌生女孩发生了性关系，没有做防护措施。事后他并没有在意，但没过几天就发现自己出现了尿频、尿急、尿痛的症状，尿道口还流出了脓性分泌物，吓得赶紧去医院。经过检查，汤汤被告知患上了淋病。

汤汤的遭遇并非个例。事实上，很多青少年由于对性知识缺乏了解，再加上好奇心强、自我控制能力弱等特点，很容易陷入类似的困境。了解淋病等性传播疾病的相关知识，对于青少年来说非常有必要。

如何发现自己得了淋病

淋病是由淋病奈瑟菌（简称淋球菌）引起的以泌尿生殖系统化

脓性感染为主要表现的性传播疾病，多发生于性活跃的青年男女。淋球菌为革兰阴性双球菌，离开人体不易生存，一般消毒剂容易将其杀灭。

淋病的症状主要包括尿频、尿急、尿痛、尿道口流脓等。如果出现这些症状，一定要及时就医。医生会根据患者的症状和体征，结合实验室检查，如尿常规、尿道分泌物涂片检查等，进行诊断。

得了淋病怎么办

一旦确诊淋病，应立即到性病科规范治疗，在医生指导下用药，切勿自行停药、换药或更改剂量，更不宜自行购买药物治疗。药物治疗后，要定期复查，确保病情得到彻底控制。

治疗过程中，要注意个人卫生和内衣裤的消毒处理，保持外阴清洁干燥，避免性生活，以免传染给他人。由于淋球菌在外界环境中很容易失去生命力，一般生活接触不会传染，因此不要过于恐慌。症状消失后，患者仍应注意个人卫生和性卫生，避免再次感染。

给家长的建议

面对淋病等性传播疾病，家长应该积极行动起来，加强对孩子的性教育，帮助孩子树立正确的性观念，提高自我保护意识。

❶ 加强性教育

家长应该主动与孩子沟通，了解他们的性观念和行为，向他们传授正确的性知识，包括性传播疾病的传播途径、危害和预防措施等。同时，也要引导孩子树立正确的性道德观念，尊重自己和他人。

第三章 青春期性与生殖健康

❷ **关注心理健康**

青少年时期是心理发展的关键时期,家长要关注孩子的心理健康,培养自信、自尊、自爱的品质。对于性格内向、自卑的孩子,家长要给予更多关爱和支持,鼓励他们积极参与社交活动,增强人际交往能力。

❸ **培养良好习惯**

家长要引导孩子养成良好的生活习惯,包括保持个人卫生、避免不洁性行为、不与他人共用私人物品等。同时,也要教会孩子正确使用安全套等防护用品,降低感染风险,以及在有异性接触后发现异常时尽快就医。

❹ **营造健康氛围**

家长应该营造一个健康、和谐、积极的家庭氛围,让孩子感受到家庭的温暖和支持。这样有助于孩子形成健康的心理和行为习惯,降低感染淋病等性传播疾病的风险。

(谭飞)

青春健康案例汇编：发现青春

防"艾"有方法，谈"艾"不色变

青春故事

前段时间，大学生莫莫看到一篇新闻报道后，大为震惊。报道中说，艾滋病悄然侵袭校园，大学生已成艾滋病"重灾区"。因此，看到预防艾滋病活动的宣传海报后，莫莫马上报名参加，想进一步了解艾滋病的防治知识。

"换水游戏""野火游戏""卡片签名游戏"在预防艾滋病主题培训中经常用到，参与者可以从中感知艾滋病的传播速度，体验检测过程，感受艾滋病病毒携带者和艾滋病患者的心理变化等，往往是青少年参与度最高、讨论最热烈的活动。游戏过后，更重要的是要让青少年认识到预防艾滋病的重要性、紧迫性，并知晓预防措施。

青年人艾滋病病毒感染率增长

近年来，我国青年学生艾滋病病毒（学名为人类免疫缺陷病毒，

第三章 青春期性与生殖健康

HIV）感染增长较快，15～24岁的感染者增长率达35%，其中65%的感染发生在18～22岁。

从思想上看，一方面，多数青年存在盲目的"侥幸心理"，往往认为自己身体好，即便有风险性行为，也坚信自己不会得病。另一方面，青年人对婚前性行为的接纳度不断提高。中国计生协对全国大学生进行的性与生殖健康调查显示，大学生对婚前性行为的认可度达到65.48%，60%以上的大学生发生过牵手、接吻等亲密行为，31.25%的大学生发生过性行为，其中43.02%的人没有做到每次都采用避孕措施（包括使用安全套）。

从知晓率上看，青年人对艾滋病的认识不够全面，对潜在的有可能引发风险性行为的情境（如同学聚会上含酒精的饮料、外出旅行、没有任何保护措施下为他人包扎伤口等）缺乏预判和警惕，对艾滋病自愿咨询检测（HIV VCT）、HIV快速检测方式（血液、唾液、尿液检测）缺乏了解。

检测、治疗知识须了解

❶ 艾滋病自愿咨询检测

目前，上海市的社区卫生服务中心、区疾控中心都提供免费的HIV检测，所有公立医院都提供有偿HIV检测。此外，上海市在推广高校尿液传递HIV检测项目，为在校大学生提供匿名HIV检测。在血液、唾液、尿液检测三种方式中，血液检测的准确性最高。

❷ 防"艾"阻断

类似于"紧急避孕"，在可能接触艾滋病病毒后72小时内，可服用阻断药进行"补救"，预防艾滋病。艾滋病阻断药越早服用越好，在接触病毒的 2 小时内开始服用最有效，通常需要连续服用 28 天，阻断成功率可达 95%。目前，在上海市公共卫生临床中心、上海青艾皮肤科诊所可以买到阻断药，两处购药点均为 24 小时服务。

❸ 治疗

目前，艾滋病感染者需要终身服用抗病毒药物。研究发现，及早进行科学治疗，患者寿命可接近正常人。

将防"艾"与性健康教育相结合

家庭是青少年建立性观念的重要场所，家长对婚姻、性的认识和态度，对青少年性观念的形成具有重要影响。因此，家长应该将预防艾滋病的教育与性健康教育结合起来，根据孩子的身心发育、认知能力和接受程度，提供相应的预防艾滋病的知识和技能。除传授艾滋病的定义、传播途径和预防方法等知识外，家长还应该培养孩子养成健康的生活方式，增强自我保护意识和抵御艾滋病病毒侵袭的能力，树立对自身行为负责的意识，同时要引导孩子正确对待、关爱、不歧视艾滋病病毒感染者及艾滋病患者，形成科学的预防态度。

（王悦）

第三章 青春期性与生殖健康

养"精"蓄锐,从青少年开始

青春故事

在寝室的一次"卧谈"中,小吴和室友们聊起将来要不要结婚、生孩子的话题。小吴说:"我妈没赶上二孩、三孩政策,只生了我一个,她寄希望于我将来多生几个孩子。"小郭说:"我将来肯定是要结婚的,可是生几个孩子,我还没想过。"小任说:"我连自己能不能养活都不知道呢,养孩子可真不敢想。"小潘哈哈大笑:"你们想得还真远,现在不孕不育的人那么多,我们又整天久坐、熬夜的,将来有没有能力生孩子,还真难说……"

三孩时代,虽然很多家庭有生育意愿,但不少人难以如愿。在不孕不育的原因中,男方因素正越来越凸显。青少年是生育力保护的关键阶段,男性的生育力保护应从青少年开始。

诸多因素影响男性生育力

导致男性生育力下降的原因很复杂,包括先天性因素(如染色体畸变)、感染因素(如生殖系统感染)、自身免疫因素(如抗精子抗体)、环境因素、内分泌紊乱(如高泌乳素、血清睾酮水平异常等)、精索静脉曲张等。精子是活跃的细胞,其生产及生存对环境有一定的要求。理化因素、生理病理因素、药物、饮食营养及生活习惯等,都会影响精液质量,从而导致生育能力下降。去除这些因素影响,可使精液质量恢复。目前,精液常规检查的正常标准为:精液量 2~6 毫升/次,液化时间 < 30 分钟,pH 为 7.2~8.0,精子密度 > 15×10^9/毫升,精子总活力 ≥ 40% 或前向运动精子 ≥ 32%,精子正常形态 > 4%。

保护生育力,重点注意 7 条

从保护生育力的角度看,青少年男性应养成健康的饮食习惯和生活习惯,营养均衡,加强运动,远离烟酒和腌制食品,避免某些不良行为。

❶ 不饮酒、少饮酒

研究发现,酒精可抑制垂体分泌促性腺激素,降低睾酮水平,损害睾丸间质细胞,影响精子质量。青少年男性不宜饮酒,更不要长期饮酒和酗酒。

❷ 少吃腌制食品

亚硝基化合物广泛存在于腌制食品中,不仅可致癌,其代谢产物还可作用于睾丸,影响睾丸间质细胞功能(如分泌睾酮等)及生精功能。

❸ 不吸烟

烟草中的尼古丁可以通过诱导膜损伤、干扰还原型谷胱甘肽代谢循环、改变精子形态和存活率等途经，影响男性的生育功能。青少年男性应远离烟草，拒吸第一支烟，包括电子烟。

❹ **避免局部高温**

阴囊内正常温度为 32～33℃，局部温度升高可致精子生成障碍，并影响精子活力。日常生活中，青少年男性应穿宽松透气的裤子，避免长时间泡热水澡、频繁蒸桑拿等。

❺ **远离污染**

有些化学物质与男性生育能力密切相关，包括有机氯衍生物、有机磷、氨基甲酸酯、杀真菌剂、杀螨剂、除草剂、一氧化氮、二硫化碳、二溴氯丙烷、甲基乙基酮、甲醛、有机苯及化合物，甚至塑料、润滑剂和液压剂，等等。生活和工作中应注意少接触这些物质。

❻ **注意卫生**

养成良好的卫生习惯，预防生殖道感染。引起生殖道感染的病原体有淋球菌、解脲支原体、衣原体、滴虫等。生殖道感染可破坏血睾屏障，导致自身抗体产生，影响精子活力。

❼ **避免久坐**

长期久坐会影响盆底血液循环，诱发泌尿生殖系统炎症，进而使精液质量下降。

（郁超）